Deutschlernen einmal anders!

Testen Sie mit diesem Rätselbuch Ihr Wissen und erfahren Sie viel Neues über die deutsche Sprache und ihre Dialekte sowie über Land und Leute. In 20 großen Quiz-Themen lernen Sie **Deutschland**, **Österreich** und die **Schweiz** kennen.

Die **20 Themen** stehen jeweils unter einem **Motto**, sei es eine Stadt, eine Region oder ein kulturelles Thema.
Dabei gibt es vier Rubriken, die farblich gekennzeichnet sind:

Mensch & Natur: ***Geschichte, Geographie, Politik, Wirtschaft etc.***

Kultur & Reisen: ***Kunst, Literatur, Sehenswürdigkeiten etc.***

Sprache & mehr: ***Sprache, Kommunikation, Humor, Rezepte etc.***

Rätseln & Knobeln: ***sprachliche und kulturelle Rätsel***

Kurztrip oder große Rundreise – das ist ganz Ihnen überlassen: Sie können sich einzelne Bereiche heraussuchen oder das Buch von Anfang bis Ende bearbeiten.

Bei einigen Rätseln müssen Sie sicherlich ein wenig **raten** und **ausprobieren**, aber die ausführlichen **Lösungen** werden Ihnen helfen.

Und wenn Sie einmal sprachlich nicht weiter wissen, finden Sie im **Wortverzeichnis** die schwierigsten Wörter mit englischer Übersetzung. Unter **www.pons.de/rundum-deutsch** finden Sie das Wortverzeichnis mit Übersetzungen in weiteren Sprachen zum Download.

Gute Reise!

Ihre Pons-Redaktion

Inhalt

PONS

DEUTSCH
rund ums Brandenburger Tor

von
Ulrike Wolk

PONS GmbH
Stuttgart

PONS

DEUTSCH
rund ums Brandenburger Tor

von

Ulrike Wolk

Auflage A1 4 3 2 1 / 2018 2017 2016 2015

Redaktion: Christine Lippet
Logoentwurf: Erwin Poell, Heidelberg
Logoüberarbeitung: Sabine Redlin, Ludwigsburg
Einbandidee: Die Kavallerie, Tübingen
Einbandgestaltung: Anne Helbich, Stuttgart
Titelfoto: Thinkstock/bhofack2
Layout: Petra Michel, Gestaltung & Typografie, Bamberg
Satz: tebitron GmbH, Gerlingen
Druck und Bindung: Publikum d.o.o., Belgrad

ISBN: 978-3-12-562726-0

Hallo Deutschland

Zu Besuch

Das sollten Sie in Deutschland unbedingt machen:

- ☐ eine der unzähligen **Burgen** besichtigen.
- ☐ ins multikulturelle Nachtleben **Berlins** eintauchen.
- ☐ einen Abend im **Biergarten** verbringen.
- ☐ bei einer Weinprobe den köstlichen **Wein** probieren.
- ☐ über einen **Weihnachtsmarkt** laufen.
- ☐ unterwegs eine **Bratwurst** im Brötchen kaufen.
- ☐ bei einer langen Wanderung die schöne **Landschaft** genießen.
- ☐ die wichtigen Orte der deutschen **Geschichte** erkunden.

Deutschland

Deutschland liegt mitten in Europa, es hat neun Nachbarländer. Von der **Nord- und Ostsee** bis an die **Alpen** ist das Land etwa 880 Kilometer lang. Hier leben mehr als **80 Millionen** Menschen in **16 Bundesländern**, die sehr unterschiedlich sind. Die Hauptstadt ist Berlin. Sie wollen wissen, was **„typisch deutsch“** ist? Finden Sie es heraus, machen Sie sich auf die Reise!

Hallo Deutschland

16 Bundesländer

Sie kennen bestimmt die Namen einiger deutscher Bundesländer. Aber wo liegen sie genau? Ordnen Sie die fehlenden Länder zu.

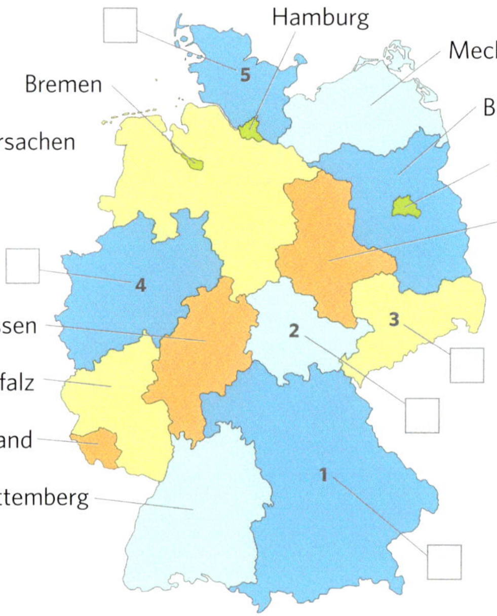

A Bayern

B Sachsen

C Nordrhein-Westfalen

D Schleswig-Holstein

E Thüringen

Exportmeister

Deutschland exportiert Waren in die ganze Welt. Die wichtigsten Exporte sind Autos, Autoteile, Maschinen und chemische Produkte. Finden Sie sechs berühmte deutsche Marken in der Wörterschlange?

LASAHARIBOKOPOSIEVOLKSWAGENNANIVEAOHOPORSCHEULIADIDASWARTPUMAENGUS

Die deutsche Geschichte ist voller großer Veränderungen. Ordnen Sie die Jahreszahlen den Ereignissen zu.

Geschichte

___ **A** Adolf Hitler kommt an die Macht, Deutschland wird eine Diktatur.

___ **B** Der zweite Weltkrieg endet.

___ **C** Napoleon siegt über das „Heilige Römische Reich deutscher Nation".

___ **D** Karl der Große wird zum Kaiser gekrönt.

___ **E** Der Dreißigjährige Krieg endet und bringt die Religionsfreiheit.

___ **F** Martin Luthers 95 Thesen führen zur Reformation.

___ **G** Deutschland bekommt als Weimarer Republik zum ersten Mal eine demokratische Verfassung.

1. 800
2. 1517
3. 1648
4. 1805
5. 1919
6. 1933
7. 1945

Kennen Sie die deutschen Superlative? Die Silben helfen Ihnen bei den Antworten.

Groß, größer, am größten

BO BER DEN DO FRANK TRIER FURT LIN NAU SEE SPITZE ZUG

1. Der höchste Berg heißt ____________.
2. Der längste Fluss ist die ____________.
3. Die größte Stadt ist ____________.
4. Der größte See ist der ____________.
5. Die Stadt mit den meisten Wolkenkratzern ist ____________.
6. Die älteste Stadt heißt ____________.

Hallo Deutschland

Eine Reise wert

Hier sehen Sie fünf der Sehenswürdigkeiten, die ausländischen Touristen in Deutschland am besten gefallen. Ordnen Sie zu.

1

2

3

4

5

A die Berliner Mauer
B das Heidelberger Schloss
C der Kölner Dom
D das Schloss Neuschwanstein
E der Rhein mit der Loreley

Wer hat's erfunden?

Viele Erfindungen wurden in Deutschland gemacht. Wissen Sie, von wem?

1. Er hat den Buchdruck mit beweglichen Buchstaben erfunden.
2. Sie haben das erste Auto entwickelt.
3. Sie erfand 1908 den Kaffeefilter.
4. Er erfand das Gleitflugzeug.
5. Er entdeckte die Röntgenstrahlung.
6. Dieser Chemiker erfand 1879 das Aspirin.
7. Er erfand 1941 den ersten Computer.
8. Hier wurde 1987 das mp3-Format erfunden.

___ A Carl Benz und Gottlieb Daimler

___ B Melitta Bentz

___ C Felix Hoffmann

___ D Konrad Zuse

___ E Fraunhofer Institut

___ F Otto Lilienthal

___ G Johannes Gutenberg

___ H Wilhelm Conrad Röntgen

Sportlich, sportlich!

Können Sie diese Sportler ihrer Sportart zuordnen?

Eiskunstlauf

Boxen

Tennis

Basketball

Fußball

___ A Dirk Nowitzki

___ B Miroslav Klose

___ C Henry Maske

___ D Steffi Graf

___ E Katharina Witt

Die Bundesrepublik

Was wissen Sie über den deutschen Staat und deutsche Symbole?

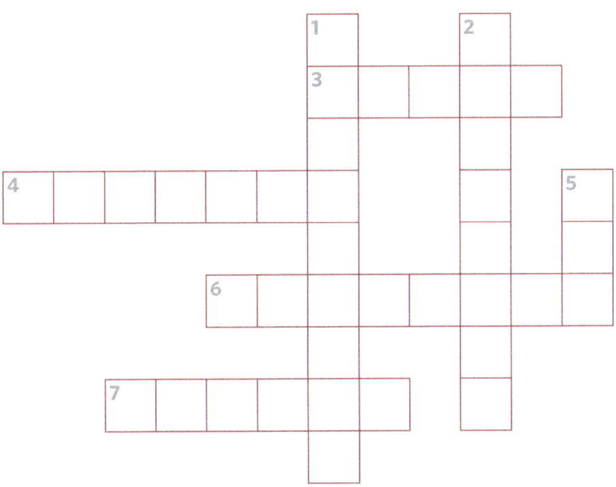

1. Sie regiert das Land (die Bundes-...)
2. Anzahl der Bundesländer
3. das Wappentier der Deutschen
4. die obere Farbe der deutschen Flagge
5. die mittlere Farbe der deutschen Flagge
6. das fünfte Wort der Nationalhymne: Einigkeit und Recht und ...
7. die Hauptstadt

Deutschland mit allen Sinnen

Zum Essen wünscht man sich „Guten Appetit!“. Man kann aber auch sagen: „Lass es dir schmecken!“.

Guten Appetit!

Wenn Sie durch Deutschland reisen, möchten Sie bestimmt die regionalen Spezialitäten probieren. Doch wissen Sie, was drin ist?

1. Leipziger Allerlei
- ☐ **A** Rindfleisch, Würstchen und Nudeln mit Blumenkohl
- ☐ **B** Verschiedenes Gemüse: Erbsen, Karotten, Spargel und Morcheln (Pilze)

2. Pfälzer Saumagen
- ☐ **A** Schweinefleisch und Kartoffeln
- ☐ **B** Spinat, Tomaten und Reis

3. Schwäbische Maultaschen
- ☐ **A** Taschen aus Nudelteig gefüllt mit Fleisch, Spinat, Zwiebeln und Weißbrot
- ☐ **B** Taschen aus Nudelteig gefüllt mit Zwiebeln, Sauerkraut und Knoblauch

4. Schleswig-Holsteiner Labskaus
- ☐ **A** Erdbeeren, Kartoffeln, Karotten und Sahne
- ☐ **B** Rote Beete, Rindfleisch, Gewürzgurken, Kartoffeln

5. Bayerischer Leberkäse
- ☐ **A** Rindfleisch, Schweinefleisch, Speck, Zwiebeln und Gewürze
- ☐ **B** Emmentaler Käse, Äpfel, Kartoffeln und Leber

Die traditionelle Küche in Deutschland verwendet viel Fleisch, obwohl es natürlich auch Vegetarier, Leute die kein Fleisch essen, und seit einigen Jahren immer mehr Veganer, die keine Produkte von Tieren essen, gibt.

Nichts für Vegetarier

Finden Sie die sechs verschiedenen Fleischsorten?

ALBERINDALASCHWEINERNEPUTESAHUHNEIPPIKALBENTE

Hopfen und Malz ...

Bier ist laut einer Umfrage das Lieblingsgetränk des deutschen Mannes. Erkennen Sie die Sorten?

1

2

3

4

5

A Berliner Weiße mit Schuss

B Pils oder Pilsener

C Hefeweizen (auch Weiß- oder Weizenbier)

D Kölsch

E Altbier (oder Alt)

Deutsches Bier darf nichts anderes enthalten als Hopfen, Malz und Wasser – alles andere ist seit 1516 verboten. Der Grund war, dass die Brauer früher Pflanzen und Kräuter ins Bier mischten, wovon die Biertrinker Krankheiten oder Halluzinationen bekamen. Seitdem kann man „Hopfen und Malz, Gott erhalt's!“ in manchen Gaststätten lesen.

Zum Wohl!

Finden Sie acht deutsche Weinregionen in der Wortschlange?

ALLFRANKENBZEDMITTELRHEINFAVRHEINHESSENMCOXRHEINGAUSAQMOSELRSTNAHEÄGBNAUMBURGQÜZAHRSWI

Wenn man gemeinsam Wein oder Bier trinkt, sagt man gerne „Prost!“ und stößt mit den Gläsern an (aber bitte nur leicht!). Man kann auch „Zum Wohl!“ sagen.

Deutschland mit allen Sinnen

Architektur

Kennen Sie die Stilrichtungen deutscher Gebäude?

Die Architektur des Nationalsozialismus war an Bauwerken der Antike orientiert und wollte durch die monumentale Größe Macht zeigen. Hitler wollte Berlin in diesem Stil zu „Germania“ umbauen. In Ulm sieht man, dass groß auch schön sein kann: das Ulmer Münster hat den höchsten Kirchturm der Welt. Es dauerte 500 Jahre, bis der Turm fertig gebaut war.

1

2

3

4

5

___ A Jugendstil ___ B Barock ___ C Gotik

___ D der besondere Stil von Friedensreich Hundertwasser

___ E Neoklassizismus des Dritten Reichs

Mit Sang und Klang

Kennen Sie diese deutschen Musikstars?

1. Er lebte im Mittelalter und war Minnesänger.
2. Sie gewann mit „Satellite“ den European Song Contest 2010.
3. Heavy-Metal Fans aus aller Welt kennen diese Band.
4. Mit „Durch den Monsun“ wurden diese Jungen zum Teenie-Schwarm.
5. Seine gewaltigen Opern werden geliebt und gehasst.
6. Er schrieb wunderschöne barocke Konzerte.

___ A Johann Sebastian Bach

___ B Richard Wagner

___ D Lena (Meyer-Landrut)

___ C Tokio Hotel

___ E Rammstein

___ F Walther von der Vogelweide

Klischees

Wahr oder falsch? Was meinen Sie?

	WAHR	FALSCH
1. Deutsche mögen Bier. Sie trinken mehr Bier als irgendetwas anderes.	☐	☐
2. An Feiertagen sieht man überall Dirndl und Lederhosen.	☐	☐
3. Die deutschen Männer lieben es, ihr Auto zu putzen.	☐	☐
4. Deutsche hören in ihrer Freizeit gern Musik.	☐	☐
5. In deutschen Küchen riecht es immer nach Sauerkraut.	☐	☐

Deutsche Bäckereien sind ein Erlebnis. Es gibt viele verschiedene Brotsorten, knuspriges Gebäck und leckere Kuchen. Je nach Region werden sie anders benannt. So heißt das beliebte Gebäck, das mit Marmelade gefüllt ist, in Süddeutschland und Österreich „Krapfen" oder „Kreppel", in vielen anderen Gegenden „Berliner" – und in Ostdeutschland und Berlin dagegen „Pfannkuchen". Lecker und süß ist es aber überall.

Das tägliche Brot

Kaufen Sie beim Bäcker ein.
Wählen Sie die richtige Antwort aus.

1. Guten Tag!
   - ☐ A Hallo, ich hätte gerne ein Weißbrot.
   - ☐ B Guten Tag. Ja, ich habe Brot.

2. Darf's noch was sein?
   - ☐ A Nein danke. Haben Sie auch Brezeln?
   - ☐ B Ja, zwei Brezeln, bitte.

3. Gerne. Sonst noch was?
   - ☐ A Was ist denn in diesem Kuchen drin?
   - ☐ B Mögen Sie auch Kuchen?

4. Das ist eine Eierlikörtorte mit Schokolade und Nüssen im Teig, oben drauf ist Sahne und Eierlikör.
   - ☐ A Haben Sie auch etwas ohne Alkohol?
   - ☐ B Ich möchte Eier kaufen.

5. Da kann ich Ihnen die Schokoladen-Torte empfehlen.
   - ☐ A Die sieht lecker aus. Ein Stück bitte.
   - ☐ B Nein, ich mag Schokolade.

Berlin

Arm, aber sexy

„Berlin ist arm, aber sexy“. Das sagte Berlins ehemaliger Regierender Bürgermeister Klaus Wowereit 2003 in einem Interview. Auf Geld kommt es in Berlin tatsächlich nicht immer an. Ohne Geld können Sie:

- ☐ auf dem riesigen Feld des ehemaligen **Flughafens Tempelhof** entspannen oder Sport treiben.
- ☐ die Ausstellung zur Geschichte des Parlaments im **Deutschen Dom** am Gendarmenmarkt besichtigen.
- ☐ an einem der zahlreichen **Seen** in und um Berlin baden gehen.
- ☐ viele **Museen** besuchen, die einmal wöchentlich freien Eintritt haben.
- ☐ stundenlang durch die Straßen laufen und immer noch Neues entdecken.

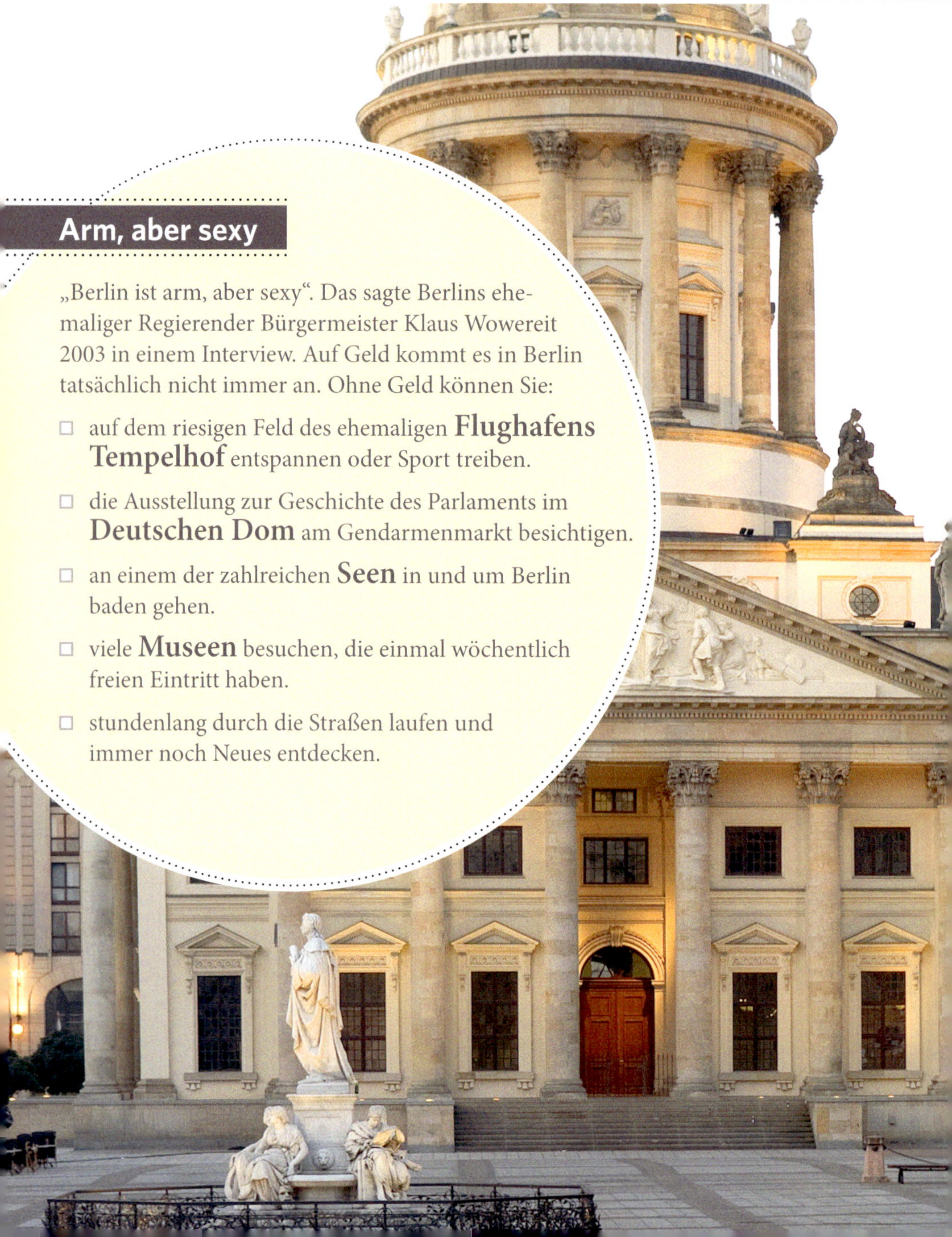

Ein Ort der Macht

Berlin ist die Hauptstadt Deutschlands. Der Ort, an dem die Staatspolitik gemacht wird, ist das **Reichstagsgebäude**, kurz auch „Reichstag" genannt. Hier tagt der **Deutsche Bundestag**. Unter der großen gläsernen Kuppel befindet sich der Plenarsaal, in dem die politischen Debatten stattfinden. In der **Kuppel** gibt es eine große spiralförmige Treppe, über die man zu einer Aussichtsplattform kommt. Man muss sich für einen Besuch im Reichstagsgebäude vorher anmelden. Dafür ist der Besuch aber kostenlos und man hat einen herrlichen **Ausblick**.

Berlin

Berliner Fakten

Welche Aussagen sind richtig, welche sind falsch?

		WAHR	FALSCH
1.	Berlin ist die grünste Hauptstadt Europas.	☐	☐
2.	Das KaDeWe ist eines der größten Kaufhäuser Europas.	☐	☐
3.	Der Flughafen Berlin Brandenburg wurde am 01.04.2014 als größter Flughafen Europas eröffnet.	☐	☐
4.	Berlin war bis 1989 die Hauptstadt der DDR.	☐	☐
5.	Berlin war seit dem 30.06.1945 durch eine Mauer in Ost und West geteilt.	☐	☐
6.	Die Künstler Christo und Jeanne-Claude packten 1995 den Reichstag in ein großes Tuch ein.	☐	☐
7.	Jedes Jahr im Februar findet die Berlinale statt, ein Festival für Tanz und Theater.	☐	☐
8.	Die Berliner nennen die Kaiser-Wilhelm-Gedächtniskirche auch Lippenstift und Puderdose.	☐	☐

Regierung und Opposition

Vier Parteien wurden in den 18. deutschen Bundestag gewählt. Kennen Sie die Namen? Wählen Sie den richtigen Namen aus, der zweite ist erfunden.

1.

☐ A CDU/CSU (Christlich-demokratische und Christlich-soziale Union Deutschlands)

☐ B DCU (Deutschlands Christliche Union)

2.

☐ A Bündnis 70 / die Grauen

☐ B Bündnis 90 / die Grünen

3.

☐ A SDP – Soziale Demokraten-Partei

☐ B SPD – Sozialdemokratische Partei Deutschlands

4.

☐ A Die Linke

☐ B Die Rechte

Berlin brennt

Das dunkelste Kapitel der deutschen Geschichte begann und endete in Berlin – jeweils mit einem Feuer. Ordnen Sie die Ereignisse chronologisch.

1. Im Februar 1933 brennt in Berlin ...
2. Im Mai 1933 verbrennen ...
3. In der Nacht vom 9. November 1938 brennen in Berlin und ...
4. Ab 1940 werden Bomben auf Berlin abgeworfen, ...
5. 1945 erschießt sich Hitler im Bunker, ...

___ A seine Leiche wird verbrannt.

___ B die Nazis öffentlich Bücher, unter anderem vor der Alten Bibliothek.

___ C der Reichstag. Hitler kommt an die Macht.

___ D sodass es vielerorts brennt.

___ E ganz Deutschland Synagogen.

Insel der Entdeckungen

Auf der Museumsinsel befinden sich fünf Museen. Finden Sie sich zurecht?

1. Ich will zur Museumsinsel. An welcher U-Bahn-Haltestelle muss ich aussteigen?
2. In welchem Museum kann ich das babylonische Ischtar-Tor sehen?
3. Wie viele Museen gibt es eigentlich auf der Museumsinsel?
4. Wo steht die Büste der Nofretete?
5. Wie sind die Öffnungszeiten?

___ A Täglich von 10 bis 18 Uhr.

___ B Fünf. Das Alte Museum, das Neue Museum, die Alte Nationalgalerie, das Bode-Museum und das Pergamon-Museum.

___ C Im Pergamon-Museum. Da ist auch noch ein erhaltener Teil der babylonischen Stadtmauern.

___ D An der Haltestelle Friedrichstraße.

___ E Sie steht im Neuen Museum.

Berlin

Linie 100

Für den Preis eines Einzelfahrscheines kommen Sie mit der Buslinie 100 im Doppeldeckerbus an ganz vielen Sehenswürdigkeiten Berlins vorbei. Ordnen Sie diese zu.

___ A Alexander Platz

___ B Brandenburger Tor

___ C Rotes Rathaus

___ D Kaiser-Wilhelm Gedächtniskirche

Das Berliner Ensemble

Das „Theater am Schiffbauerdamm“ wurde durch Bertolt Brecht berühmt. Hier hatte seine Dreigroschenoper Premiere und hier gründete er mit Helene Weigel das „Berliner Ensemble“. Noch heute beobachtet er genau, was auf seiner Bühne passiert – von draußen, wo seine Statue auf einem riesigen Stuhl sitzt.

Bertolt Brecht ist ein berühmter Schriftsteller des 20. Jahrhunderts. Er schrieb vor allem viele Theaterstücke. Finden Sie die fehlenden Namen seiner Stücke in der Wörterschlange.

1. Das Leben des ______________
2. Mutter Courage und ihre ______________
3. Der gute ______________ von Sezuan

SCHGALILEIFFBARTUROLAKINDERDAMMENSCHCHT

Emil und die Detektive

Setzen Sie die fehlenden Wörter ein.

1929 erschien Erich Kästners 1. ______________ „Emil und die Detektive". Emil, ein 12-jähriger Junge, fährt mit dem 2. ______________ zu seiner Großmutter nach Berlin. Unterwegs wird ihm Geld gestohlen. In Berlin versucht Emil, den 3. ______________ zu verfolgen. Dabei lernt er den Berliner Jungen Gustav und seine 4. ______________, „die Detektive", kennen. Sie helfen Emil den Dieb zu fangen.

Als die Nazis 1933 Erich Kästners 5. ______________ verbrannten, war „Emil und die Detektive" als einziges nicht dabei. Erst 1936 wurde es auch verboten.

A Zug

B Freunde

D Bücher

C Roman

E Dieb

Berliner Zitate

Wer sagte was und wann?

1. „Herr Gorbatschow, reißen Sie diese Mauer ein!"
2. „Ich bin ein Berliner!"
3. „Ich bin schwul, und das ist auch gut so."
4. „Ich glaube nicht, dass es irgendetwas auf der ganzen Welt gibt, was man in Berlin nicht lernen könnte – außer der deutschen Sprache!"
5. „Niemand hat die Absicht eine Mauer zu errichten."

___ A John F. Kennedy 1963 vor dem Schöneberger Rathaus in West-Berlin

___ B Mark Twain nach seinem Aufenthalt in Berlin im Winter 1891/92

___ C US-Präsident Ronald Reagan 1987 vor dem Brandenburger Tor

___ D DDR-Staatschef Walter Ulbricht etwa zwei Monate vor dem Bau der Berliner Mauer

___ E Berlins Regierender Bürgermeister Klaus Wowereit 2001

Ost und West

Vier Sektoren

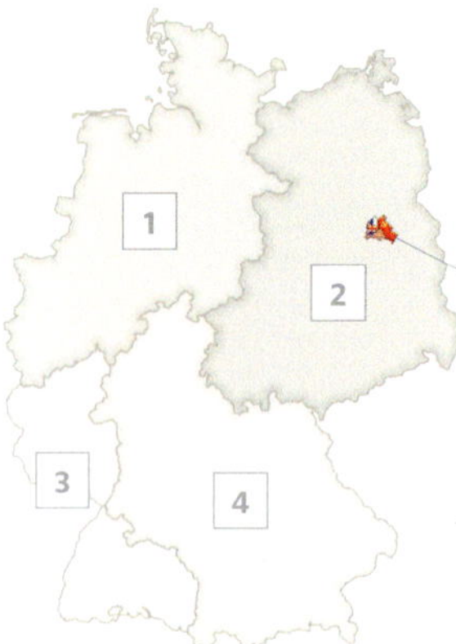

Deutschland wurde nach dem Krieg von den Alliierten in vier Sektoren aufgeteilt: einen britischen, französischen, US-amerikanischen und sowjetischen. Die Stadt Berlin wurde ebenfalls unter den Alliierten aufgeteilt. Ordnen Sie die Sektoren zu.

__ A Amerikanischer Sektor

__ B Britischer Sektor

__ C Französischer Sektor

__ D Sowjetischer Sektor

Rosinenbomber

Am Flughafen Tempelhof erinnert dieses Denkmal an die Berliner Luftbrücke. Ergänzen Sie die Geschichte!

Berlin war als Hauptstadt auch in vier Sektoren 1. ____________. Der Westteil der Stadt lag wie eine 2. ____________ in der Mitte der sowjetischen Zone. Die Sowjets versuchten, durch eine Blockade ab Juni 1948 die gesamte Stadt zu 3. ____________. Die Westalliierten versorgten bis Mai 1949 die 4. ____________ Berlins über eine „Luftbrücke“. Das heißt, sie 5. ____________ Lebensmittel und andere wichtige Dinge mit 6. ____________ in die Stadt. Ein amerikanischer Pilot kam auf die Idee, vor der Landung Süßigkeiten (Schokolade, Kaugummis oder Rosinen) für die wartenden 7. ____________ abzuwerfen. Viele andere Piloten 8. ____________ davon und machten mit: So entstand der Name „Rosinenbomber“ für diese Flugzeuge.

A hörten B Flugzeugen C besetzen D aufgeteilt

E Insel F Westsektoren G brachten H Kinder

Geteiltes Deutschland

Richtig oder falsch?

	RICHTIG	FALSCH
1. Bei den Olympischen Spielen traten die deutschen Sportler aus Ost und West als eine Mannschaft an.	☐	☐
2. Ostberlin war die Hauptstadt der DDR und Bonn war damals die Hauptstadt der BRD.	☐	☐
3. „DDR“ stand für „Deutsches Demokratisches Reich“.	☐	☐
4. Im Westen gab es viele Parteien, im Osten nur eine.	☐	☐
5. Die DDR hatte eine Verfassung, die Bundesrepublik nicht.	☐	☐

Die Mauer

Nur eine Antwort über die Berliner Mauer ist richtig. Wählen Sie aus.

1. Wie viele Menschen starben an der Berliner Mauer bei dem Versuch in den Westen zu kommen?
   - ☐ A 3
   - ☐ B ca. 138

2. Wie lang war die Berliner Mauer?
   - ☐ A 155 km
   - ☐ B 42 m

3. Wer beim Überqueren der Grenze erwischt wurde, musste damit rechnen ...
   - ☐ A eine Geldstrafe zu bezahlen.
   - ☐ B erschossen zu werden.

4. Der bekannteste Grenzübergang von Ost- nach Westberlin hieß ...
   - ☐ A Checkpoint Charlie.
   - ☐ B Spandau Ballet.

Der Bau der Mauer um Westberlin begann am 13. August 1961. Im Westen bauten die Amerikaner das Land mithilfe des „Marshallplans“ wieder auf, was den Menschen Wohlstand brachte. Den Menschen in der DDR fehlten dagegen alltäglichen Dinge. Viele DDR-Bürger flohen deshalb in den Westen, worauf die Ost-Regierung mit dem Bau der Mauer und der Schließung der Grenzen zwischen Ost und West reagierte.

Ost und West

Wir sind das Volk!

1. August
2. September
3. Oktober
4. November

1989 kommt es zum Fall der Berliner Mauer und zur Öffnung der innerdeutschen Grenzen. Sortieren Sie die Ereignisse chronologisch.

___ **A** Die DDR feiert ihren 40. Geburtstag. Noch mehr Menschen gehen zu den Demonstrationen.

___ **B** DDR-Bürger, die in Ungarn Urlaub gemacht haben, reisen von dort in den Westen aus.

___ **C** Der Staatsrat der DDR beschließt, die Grenze zu öffnen.

___ **D** Die Montagsdemonstrationen beginnen in Leipzig.

Blühende Landschaften

Die Grenze, die die beiden deutschen Staaten voneinander getrennt hat, gibt es seit 1989 nicht mehr. Welche Fakten zur ehemaligen Grenze passen zusammen? Verbinden Sie.

1. Auf dem ehemaligen Todesstreifen ...
2. Die ehemalige innerdeutsche ...
3. Sie reicht von Travemünde im ...
4. Es gibt hier heute keine Wachtürme, Selbstschussanlagen ...
5. Stattdessen leben hier jetzt ...
6. Das große Naturschutzprojekt ...

___ **A** heißt „Das grüne Band".

___ **B** kann man heutzutage wandern.

___ **C** Grenze ist ca. 1380 km lang.

___ **D** Norden bis Hof im Süden.

___ **E** und Minenfelder mehr.

___ **F** seltene Tiere und Pflanzen.

Blühende Landschaften hatte Helmut Kohl, der damalige Bundeskanzler, versprochen, als am 1. Juli 1990 die Deutsche Mark in der (Noch-)DDR eingeführt wurde. Wirtschaftlich warten viele Menschen im Osten immer noch auf Verbesserungen, doch ökologisch und landschaftlich wurde das Versprechen an vielen Orten eingelöst.

Aus Ost oder West?

Hier sehen Sie alltägliche Dinge aus der DDR und der Bundesrepublik. Ordnen Sie zu!

Viele Kinder dürfen abends noch etwas Fernsehen schauen, bevor sie ins Bett gehen. Die Kindersendung „Sandmännchen" gibt es seit den 1950er Jahren. Es gab im Osten ein Sandmännchen mit langem, spitzem Bart und im Westen eins mit kurzem Bart, das die Kinder auf beiden Seiten zu Bett brachte. Seit der Wiedervereinigung hat das Ostsandmännchen den Job des Westsandmännchens mit übernommen.

1

2

3

4

5

6

A Ost

B West

Ost-Deutsch

Diese ostdeutschen Wörter kannte man im Westen nicht. Finden Sie die entsprechenden westdeutschen Wörter in der Wörterschlange.

BAPLASTIKRBASTRONAUTRAT-SHIRTUNSOMMERHAUSDTBRATHÄHNCHENIAD

1. Broiler ____________
2. Kosmonaut ____________
3. Datsche ____________
4. Nicki ____________
5. Plaste ____________

Österreich – Alpenrepublik

Österreich erleben

Diese Dinge sollten Sie in Österreich nicht verpassen:

- ☐ mit dem **Fiaker**, einer Kutsche, durch Wien fahren.
- ☐ beim **„Heurigen“** die Zeit vergessen.
- ☐ den Ausblick vom Riesenrad im **Wiener Prater** genießen.
- ☐ ein **Kaffeehaus** besuchen.
- ☐ traditionelle Speisen wie Palatschinken und **Kaiserschmarrn** kosten.
- ☐ die herrliche Berglandschaft erkunden.

Das Wiener Schnitzel ...

... fehlt im gesamten deutschsprachigen Raum auf fast keiner **Speisekarte**. Und trotzdem bekommt man es nur relativ selten: Ein echtes Wiener Schnitzel ist aus feinem **Kalbfleisch**, dünn geklopft, **knusprig paniert** und gebraten. Die billigere Kopie: Ein Schnitzel aus Schweinefleisch. Das heißt dann korrekt „Schweineschnitzel Wiener Art“.

Österreich – Alpenrepublik

Österreichische Fakten

Was wissen Sie über den kleinen Nachbarn Deutschlands?

1. Wie viele Österreicher gibt es?
   - ☐ A ca. 85 Millionen
   - ☐ B ca. 8,5 Millionen
   - ☐ C ca. 85.000

2. Welches Land ist kein Nachbar von Österreich?
   - ☐ A Polen
   - ☐ B Italien
   - ☐ C Tschechien

3. Der höchste Berg heißt Großglockner. Wie hoch ist er?
   - ☐ A 4.785 m
   - ☐ B 3.798 m
   - ☐ C 2.987 m

4. Österreich hat wie Deutschland Bundesländer. Wie viele sind es?
   - ☐ A 3
   - ☐ B 6
   - ☐ C 9

Schon in der Jungsteinzeit waren die Tiroler Alpen bewohnt. Das beweist der Fund von Ötzi, einer ca. 5300 Jahre alten Mumie aus dem Ötztal, genau auf der Grenze zu Italien. Den Streit, wohin Ötzi gehört, gewann Italien. Österreich hat aber auch einen Ötzi: DJ Ötzi ist einer der erfolgreichsten deutschsprachigen Musiker.

Vom Kaiserreich zur Republik

Ordnen Sie die Ereignisse den Jahreszahlen zu.

1. bis ca. 500 n. Chr.
2. 1437
3. 1529
4. 1918
5. 1938
6. 1945

___ A Die Herrscher Österreichs werden Kaiser des „Heiligen Römischen Reiches deutscher Nation".

___ B Die Römer herrschen an der Donau und gründen Städte.

___ C Österreich wird erstmals Republik.

___ D Nach dem Zweiten Weltkrieg entsteht die unabhängige Republik Österreich.

___ E Österreich wird Teil des Dritten Reichs.

___ F Die Türken versuchen, Wien zu erobern.

Geografie

Ordnen Sie die österreichischen Bundesländer zu.

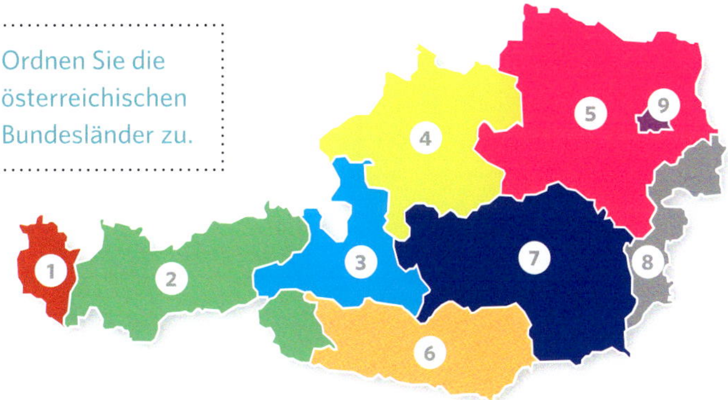

___ A **Tirol** besteht aus zwei Teilen und grenzt an Italien.

___ B **Wien** hat die kleinste Fläche, aber die meisten Einwohner.

___ C Das **Burgenland** grenzt an Ungarn.

___ D **Salzburg** ist fast ein Dreieck.

___ E **Vorarlberg** liegt ganz im Westen.

___ F In **Niederösterreich** ist der nördlichste Punkt des Landes.

___ G **Oberösterreich** grenzt an Deutschland und Tschechien.

___ H **Kärnten** grenzt an Italien und Slowenien.

___ I Die **Steiermark** grenzt an fünf andere Bundesländer.

Berühmte Österreicher

Kennen Sie diese berühmten Österreicher?

1. Niki Lauda
2. Siegmund Freud
3. Maria Theresia
4. Arnold Schwarzenegger
5. Christoph Walz
6. Falco

___ A Oscar-Gewinner

___ B Erzherzogin von Österreich und Königin von Ungarn und Böhmen, führte viele Reformen durch

___ C Vater der Psychoanalyse

___ D ehemaliger Schauspieler und Gouverneur von Kalifornien

___ E berühmtester österreichischer Popmusiker

___ F ehemaliger Rennfahrer

Österreich – Alpenrepublik

Kaiserschmarrn

Der „Kaiserschmarrn" gehört zu den beliebtesten Süßspeisen. Können Sie die Schritte der Zubereitung in die richtige Reihenfolge bringen?

Zubereitung

A Auf Teller verteilen, mit Puderzucker bestreuen und genießen.

B Butter in der Pfanne heiß werden lassen. Den Teig darin braten, mit Rosinen bestreuen, wenden und ca. 10 Minuten im heißen Backofen backen. Anschließend in Stücke reißen und nochmal braten.

C Eiweiß zu steifem Eischnee schlagen und vorsichtig unter den Teig rühren.

D Mehl, Zucker, eine Prise Salz und Eigelb mit der Milch verrühren.

Richtige Reihenfolge: ____________

Zutaten:
40 g Butter
4 Eier
200 g Mehl
300 ml Milch
30 g Rosinen
etwas Puderzucker
30 g Zucker

Eine Reise nach Österreich ist himmlisch, wenn Sie „ein ganz Süßer" oder „eine ganz Süße" sind, also Süßspeisen lieben. Es gibt hier nicht nur leckere Desserts, sondern auch jede Menge süße Hauptgerichte.

Für alle Süßen

Kennen Sie diese österreichischen Süßspeisen?

___ A Palatschinken ___ B Salzburger Nockerln

___ C Apfelstrudel ___ D Zwetschgenknödel

Lieben Sie Wintersport? Lösen Sie das Rätsel.

1 Skyspringen
2
3 SCHNI
4 SCHLYTSCHUHE
5
6 HANDSCHUHE
7
8
9 LYFT
10

Schi oder Ski? Sie werden in Österreich beides finden. Wir verwenden hier die Variante „Ski". Dem echten Schi- oder Skifahrer ist das wahrscheinlich egal: Hauptsache, es gibt genug Schnee!

1

4

5

2

3

6

9

10

7

8

Wien, Wien, nur du allein …

Mit dem Fiaker durch Wien

Kennen Sie diese Wiener Sehenswürdigkeiten? Ordnen Sie zu.

___ **A** Ausstellungshaus der Wiener Secession

___ **B** Burgtheater

___ **D** Stephansdom

___ **E** Schloss Schönbrunn

___ **C** Spanische Hofreitschule

Märchen ohne Happy End

Füllen Sie die Lücken dieser wahren Geschichte.

Elisabeth war die Tochter des bayerischen Herzogs Max und wurde als Kind Sisi **1.** ________________ . Sie wuchs fröhlich auf und mit einem Vater, der die Musik und die **2.** ________________ liebte. 1853 verlobte sie sich mit **3.** ________________ Franz Joseph von Österreich. Das veränderte ihr Leben sehr. Sie mochte das Leben am Kaiserhof nicht. Trotzdem war sie sehr **4.** ________________ beim Volk. 1867 wurde Elisabeth zur Königin von **5.** ________________ gekrönt. Im September 1898 wurde sie in **6.** ________________ ermordet. Drei **7.** ________________ über Sisi aus den 1950er Jahren, in denen Romy Schneider die Kaiserin spielt, machten Sisi noch berühmter. In Wien kann man heute viele Sisi-Souvenirs kaufen oder das **8.** ________________ besuchen.

A Kaiser **B** beliebt **C** Ungarn **D** Genf

E Filme **F** Sisi-Museum **G** Natur **H** genannt

Kennen Sie die drei wichtigsten Komponisten der Wiener Klassik und einige ihrer bekanntesten Werke?

1. Die Zauberflöte
2. Die Sinfonie mit dem Paukenschlag
3. Eroica

___ A Joseph Haydn

___ B Ludwig van Beethoven

___ C Wolfgang Amadeus Mozart

Wiener Klassik

Als Wolfgang Amadeus Mozart nach Wien zog und dort mit Joseph Haydn arbeitete, begann die Wiener Klassik. Nach Mozarts Tod zog Ludwig van Beethoven nach Wien. Er nahm Unterricht bei Haydn und wurde schließlich selbst zu einem bedeutenden Komponisten dieser Epoche.

Kreuzen Sie die richtigen Antworten zu Johann Strauß und dem Wiener Walzer an.

1. Der Wiener Walzer hat einen besonderen Takt. Welchen?
   - ☐ A einen 4/4-Takt
   - ☐ B einen 3/4-Takt

2. Johann Strauß schrieb unterhaltsame Theaterstücke mit Gesang. Wie heißen sie?
   - ☐ A Musicals
   - ☐ B Operetten

3. Welches Werk ist von Johann Strauß?
   - ☐ A Wiener Blut
   - ☐ B Carmen

4. Wofür ist der Wiener Walzer bekannt?
   - ☐ A Er ist sehr schnell.
   - ☐ B Er hat traurige Melodien.

5. Wie heißt ein bekannter Walzer?
   - ☐ A An der schönen blauen Donau
   - ☐ B Am schönen blauen Rhein

Der Walzerkönig

Ein Höhepunkt des gesellschaftlichen Lebens in Wien ist der jährliche Opernball. Der Ball wird traditionell von den Debütantinnen in schneeweißen Ballkleidern eröffnet. Debütantin darf man nur einmal im Leben sein, und wer es werden will, muss sich lange vorher dafür bewerben. Eines muss man dafür wirklich gut können: Walzer tanzen!

Wien, Wien, nur du allein …

Das Kaffeehaus

Die Kultur des Wiener Kaffeehauses ist etwas Besonderes, sodass sie 2011 von der UNESCO zum immateriellen Kulturerbe ernannt wurde. Die Künstler trafen sich nicht nur im Kaffeehaus, einige von ihnen arbeiteten dort auch. Ganze Romane sind angeblich so beim Kaffee entstanden.

Ordnen Sie die Sätze zu und erfahren Sie mehr über prominente Gäste im Kaffeehaus.

1. Alfred Adler war ein Psychotherapeut,
2. Stefan Zweig war ein Schriftsteller,
3. Gustav Klimt war der Maler des Bildes „Der Kuss",
4. Franz Lehàr schrieb zahlreiche Operetten,
5. Arthur Schnitzler schrieb das Theaterstück „Der Reigen",

___ A von denen eine „Die lustige Witwe" heißt.

___ B das eines der bekanntesten Gemälde des Jugendstils ist.

___ C das am Theater für große Skandale sorgte.

___ D der als Begründer der Individualpsychologie gilt.

___ E zu dessen Werken die berühmte „Schachnovelle" zählt.

Wienerisch

Kennen Sie diese Wörter für kleine Gerichte und Getränke aus dem Kaffeehaus? Finden Sie die richtige Entsprechung.

1. Obers
2. Marille
3. Gefrorenes
4. Einspänner
5. Ribisel
6. Melange

___ A Eis

___ B Aprikose

___ C kleiner Mokka im Glas mit viel Schlagsahne

___ D Milchkaffee

___ E Johannisbeeren

___ F Sahne

Im Prater

Der Wiener Prater ist ein beliebtes Erholungsgebiet im Grünen, aber auch ein Vergnügungspark mit vielen Attraktionen. Ordnen Sie zu.

1

2

3

A Riesenrad   B Achterbahn   C Karussell

Beim Heurigen

Genauso bekannt wie das Riesenrad oder Schloss Schönbrunn ist auch der Wiener Heurige. Kennen Sie sich damit aus? Was ist richtig und was ist falsch?

	WAHR	FALSCH
1. Der „Heurige" ist ein starker österreichischer Rotwein.	☐	☐
2. Gasthäuser, in denen man „Heurigen" trinken kann, heißen ebenfalls „Heuriger".	☐	☐
3. Der „Grüne Veltiner" ist ein beliebter österreichischer Weißwein.	☐	☐
4. In der Stadt Wien gibt es keine Weinberge.	☐	☐
5. „Ausg'steckt is" heißt, dass man bei einem Winzer Wein trinken kann.	☐	☐

Beim Heurigen kann man in gemütlicher Atmosphäre gute Weine trinken und dazu etwas essen. Man sitzt meist auf einfachen Bänken und kann manchmal sogar noch Live-Musik hören. Im Heurigen erklingen oft die typischen Wienerlieder oder die „Schrammelmusik". Das sind volkstümliche Lieder, die im Wiener Dialekt die Stadt besingen, mit etwas Liebe und viel Spott.

Die Schweiz – Eidgenossen

Der Bernina-Express

Ein Zug **überquert die Alpen**: vom schweizerischen Chur bis ins italienische Tirano, quer durch herrliche Landschaften, durch **55 Tunnel** und über **196 Brücken**, vorbei an St. Moritz, wo sich die Reichen und Schönen treffen. Der Panoramazug Bernina Express fährt **hoch** hinauf – und wieder **hinunter**. Die Strecke von Thusis bis Tirano gehört zum **UNESCO Welterbe**.

Schweizer Schoggi

Obwohl die Schweiz nicht das Klima für Kakaoplantagen hat, ist **Schokolade** eine wichtige Spezialität des Landes. Schon vor dem Ersten Weltkrieg war die **Schweizer „Schoggi“** weltberühmt. Die Schweizer haben die Schokolade zwar nicht erfunden, aber perfektioniert: Sie verfeinerten die Süßigkeit mit Milch, sodass sie weich und zart wurde. Mehr als ein Dutzend **Schokoladenfabriken** laden zum Besuch ein – lecker!

Die Schweiz – Eidgenossen

Eidgenossen

„Schweizerische Eidgenossenschaft" ist der offizielle deutsche Name der Schweiz. Welche Fakten über die Schweiz sind wahr und welche falsch?

		WAHR	FALSCH
1.	In der Schweiz bezahlt man mit dem Euro.	☐	☐
2.	CH steht für Chweiz, den schweizerdeutschen Namen der Schweiz.	☐	☐
3.	Die vier Landessprachen sind Italienisch, Französisch, Deutsch und Rätoromanisch.	☐	☐
4.	Die Schweiz erzeugt mehr als die Hälfte ihrer Energie mit Wasserkraftwerken.	☐	☐
5.	Albert Einstein arbeite in Bern am Patentamt als technischer Experte.	☐	☐
6.	Zwischen dem höchsten und dem tiefsten Punkt der Strecke des Panoramazugs Bernina-Express liegen mehr als 2.300 Höhenmeter.	☐	☐

Hilfe aus der Schweiz

Die Schweizer sind stolz auf ihre humanitäre Tradition. Ordnen Sie Fragen und Antworten einander zu.

1. Welche beiden humanitären Institutionen gehen auf den Schweizer Henry Dunant zurück?
2. Was haben Thomas Mann und Wladimir Iljitsch Lenin gemeinsam?
3. Was ist ein wichtiger Grundsatz der schweizerischen Außenpolitik?
4. Was ist typisch für die Demokratie in der Schweiz?

___ **A** Die Neutralität.

___ **B** Sie ist direkt: Es gibt viele Abstimmungen, bei denen die Wähler direkt entscheiden.

___ **C** Die Genfer Konventionen und das Rote Kreuz.

___ **D** Sie waren einige Jahre in der Schweiz im Exil.

Typisch Schweiz

Für diese Dinge ist die Schweiz bekannt. Finden Sie in der Wörterschlange die sechs Begriffe.

JUBANKENLISCHOKOLADEMARTASCHENMESSERTIKÄSEFUUHRENKUBERGEVM

Wer bin ich?

Ordnen Sie die Definitionen den passenden Orten zu.

1 Zürich

2 St. Moritz

3 Genf

4 Bern

___ **A** Man nennt mich auch die „Hauptstadt des Friedens“. Ich liege an Westeuropas größtem See.

___ **B** Hier kann man im Winter Skiurlaub machen. Es fanden schon zwei Olympische Winterspiele hier statt.

___ **C** Ich bin die Hauptstadt der Schweiz. Beim Spaziergang durch meine Altstadt fühlt man sich wie im Mittelalter.

___ **D** Ich bin die größte Stadt der Schweiz und liege am gleichnamigen See.

Die Schweiz – Eidgenossen

Alles Käse

Die Schweizer Nationalgerichte sind Raclette und Käsefondue. Hier ist ein Rezept für ein Fondue. Bringen Sie es in die richtige Reihenfolge.

Zutaten:

ca. 700g Käse (Greyezer und Emmentaler), Knoblauch, etwas Zitronensaft, 1 Glas Weißwein, 1 Schnapsglas Kirschwasser, Muskat und Pfeffer.

Außerdem:

Eine feuerfeste Schüssel aus Keramik, ein Rechaud, lange Fonduegabeln und viel Weißbrot.

A Ein Stück Brot auf die Gabel spießen.

B Weißwein und Kirschwasser in den flüssigen Käse rühren, dann auf ein Rechaud stellen.

C Den Käse reiben. Vorsichtig mit dem Zitronensaft schmelzen.

D Genießen. Und noch ein Stück Brot auf die Gabel spießen.

E In den Käse tunken – nicht fallen lassen!

Richtige Reihenfolge: ____________________

Es war einmal in der Schweiz ...

Finden Sie die Antworten.

1. Was schießt der Schweizer Nationalheld Wilhelm Tell vom Kopf seines Sohnes?

☐ **A** einen Apfel ☐ **B** einen Hut

2. Thomas Manns Romanfigur Hans Castorp reist in ein Sanatorium bei Davos und bleibt sieben Jahre. Wie heißt der Roman?

☐ **A** Hans und die Schokoladenfabrik ☐ **B** Der Zauberberg

3. Mary Shelley schrieb einen berühmten Roman zum Gruseln, der in der Schweiz spielt. Wie heißt die Hauptfigur?

☐ **A** Graf Dracula ☐ **B** Viktor Frankenstein

Das Deutsch in der Schweiz ist anders: „Schwyzerdütsch“ heißt der alemannische Dialekt, der hier meist gesprochen wird. Nicht-Schweizer verstehen es kaum. Schriftlich verwendet man das „Schweizer Hochdeutsch“ oder „Schriftdeutsch“, das dem deutschen Hochdeutsch sehr ähnlich ist. Es gibt allerdings Unterschiede im Wortschatz – die so genannten „Helvetismen“.

Helvetismen

Wie lauten die deutschen Wörter für die hier im Text fett gedruckten schweizer Begriffe?

Wir sagten der (1) **Serviertochter** im (2) **Bahnhofbuffet**, dass wir (3) **Znacht essen** wollten. Wir bestellten (4) **rassiges** (5) **Poulet** mit (6) **Kartoffelstock** und (7) **Vögerlsalat**. Und als Aperitif, weil es mein Geburtstag war, ein (8) **Cüpli**.

___ **A** Hühnchen

___ **B** Glas Champagner

___ **C** scharfes

___ **D** Feldsalat

___ **E** Kartoffelpüree

___ **F** zu Abend essen

___ **G** Kellnerin

___ **H** Bahnhofsrestaurant

Bekannte Schweizer

Bekannte Persönlichkeiten aus vielen Bereichen kommen aus der Schweiz. Ordnen Sie zu.

1. Paul Klee war
2. Le Corbusier war
3. Leonhard Euler war
4. Roger Federer ist
5. Johanna Spyri schuf mit

___ **A** ein sehr erfolgreicher Tennisspieler.

___ **B** „Heidi“ einen Kinderbuchklassiker.

___ **C** einer der wichtigsten Mathematiker der Geschichte.

___ **D** ein Pionier der modernen Architektur.

___ **E** ein deutsch-schweizer Maler des Expressionismus und Mitglied der Münchner Künstlergruppe „Blauer Reiter“.

Das Wandern ist des Müllers Lust …

Raus in die Natur!

In Deutschland, Österreich und der Schweiz kann man viel Natur erleben. Raten Sie, welche Naturerlebnisse man wo haben kann.

1. Auf einen über 4000 Meter hohen Berg klettern.
   - ☐ A in der Schweiz
   - ☐ B in Österreich
   - ☐ C in Deutschland

2. Bei Ebbe durch das Wattenmeer wandern.
   - ☐ A in Hessen
   - ☐ B in Ost- und Nordfriesland
   - ☐ C im Ruhrgebiet

3. Die einzigartigen Felsen des Elbsandsteingebirges bewundern.
   - ☐ A in Bayern
   - ☐ B in Niedersachsen
   - ☐ C in Sachsen

4. Die spektakulären Wasserfälle des Schwarzwaldes besichtigen.
   - ☐ A in Baden-Württemberg
   - ☐ B in Österreich
   - ☐ C in Schleswig-Holstein

5. 170 Kilometer auf dem „Hochrhöner" Wanderweg laufen.
   - ☐ A im Saarland, Baden-Württemberg und Sachsen-Anhalt
   - ☐ B in Hessen, Bayern und Thüringen
   - ☐ C in Bremen, Berlin und Hamburg

Als Kulisse im Film „Cloud Atlas" (übrigens der bislang teuerste deutsche Film) wurde die Landschaft des Elbsandsteingebirges unlängst über Deutschland hinaus bekannt.

Naturschutzgebiete

Die Tiere und Pflanzen in einem Naturschutz-Gebiet sind besonders geschützt. Deshalb gibt es in diesen Gebieten besondere Regeln. Kennen Sie sie?

1 Das **müssen** Sie im Naturschutzgebiet tun.

2 Das **dürfen** Sie im Naturschutzgebiet **nicht** tun.

___ A Auf den Wegen bleiben.

___ B Hunde an der Leine führen.

___ C Ein Zelt aufbauen.

___ D Im See baden.

___ E Tiere fangen und Blumen pflücken.

___ F Ihren Müll wieder mit nach Hause nehmen.

Enzian und Edelweiß

In den Alpen wachsen wunderschöne Blumen. Manche davon gibt es aber nur noch sehr selten. Deshalb stehen sie unter Naturschutz. Das heißt, es ist verboten, sie zu pflücken. Welche Pflanzen dürfen Sie im Alpenraum pflücken? Kreuzen Sie an.

1

Alpenveilchen

2

Gänseblümchen

3

Silberdistel

4

Enzian

5

Butterblume

6

Edelweiß

Auf Wanderschaft

Ordnen Sie die Definitionen zu.

1. Die Walz
2. Pfadfinder
3. Der Deutsche Alpenverein
4. Eine Wallfahrt

___ A ist die größte Bergsteiger-Vereinigung der Welt.

___ B ist eine katholische Tradition: Das Ziel ist meist eine berühmte Kirche.

___ C gibt es auf der ganzen Welt. Diese Jungen und Mädchen wandern und zelten oft.

___ D ist die Tradition, dass junge Handwerker auf die Wanderschaft gehen, um von verschiedenen Meistern zu lernen.

Das Wandern ist des Müllers Lust ...

Unterkunft

Wer den ganzen Tag gewandert ist, freut sich auf eine gute Nacht. Welchen Service bekommen Sie in diesen Unterkünften?

1. Hotel
2. Hotel garni / Pension
3. Jugendherberge
4. Campingplatz
5. Matratzenlager

___ A einen Schlafplatz im Gemeinschaftsraum

___ B ein Zimmer, Restaurant etc.

___ C ein Bett im Schlafraum, Essen im Speisesaal

___ D ein Zimmer, Frühstück

___ E einen Platz für Ihr Zelt oder Ihren Wohnwagen

Wanderwege

Vervollständigen Sie das Interview.

1. **Warum ist Deutschland ein Paradies für Wanderer?**

   Es gibt hier 200.000 ________________ (1) Wanderwege.

2. **Wie findet man den richtigen Weg?**

   Sehr einfach, auch ohne ________________ (2) oder Navigationsgerät. Dafür sorgen unzählige Markierungen.

3. **Wie sehen die Markierungen aus?**

   Sie sind aus Holz oder Plastik oder einfach mit ________________ (3) auf Felsen oder Baumstämme gemalt. Oft sind es einfache Muster (Punkte, Striche, Kreuze) oder Tiere.

4. **Wer macht die Markierungen?**

   Etwa 20.000 ________________ (4), die jedes Jahr 350.000 Stunden unterwegs sind.

5. **Seit wann gibt es den Verein, der die Wanderwege markiert?**

   Seit über 130 ________________ (5).

A Jahren   B Farbe   C Freiwillige   D Kilometer   E Karte

Mülltrennung

Auch unterwegs ist es üblich, den Müll zu trennen. Ordnen Sie die Abfälle ihren Bestimmungsorten zu.

A die Weinflasche B die Papiertüte vom Bäcker

C die Chipstüte D das leere Würstchenglas

E die Wasser- und Bierflaschen F die kaputte Hose

G die leere Konservendose H der zerbrochene Teller I die alte Zeitung

1. In den Glascontainer: ______ und ______
2. In den Restmüll: ______ und ______
3. In den gelben Behälter (für Verpackungsmüll): ______ und ______
4. In die Papiertonne: ______ und ______
5. Für ______ bekommt man im Geschäft Geld zurück (Pfand).

Das Schweizer Messer

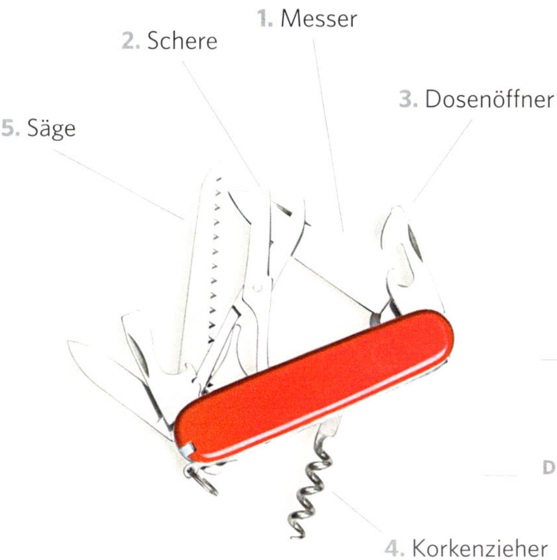

Was können Sie mit welchem Werkzeug tun?

___ A eine Flasche Wein öffnen

___ B ein Stückchen Holz absägen

___ C eine Dose öffnen

___ D den Käse und das Brot schneiden

___ E einen Faden abschneiden

Bayern – weißblauer Himmel

Weißblauer Himmel

Bayern ist das größte Bundesland. Die Landesfarben sind **weiß** und **blau**, so wie der Himmel über dem Land. Das behauptet zumindest die bayerische Hymne. Nicht alle Menschen, die hier wohnen, werden gerne Bayern genannt. „Erst“ seit 1805 gehören die **Franken** im Norden und ein Teil der Schwaben im Südwesten zu Bayern, alle mit ihren **eigenen Kulturen und Dialekten** und nicht alle mögen sich. „Man muss Gott für alles danken, auch für Schwaben und für Franken“ sagen die Altbayern dazu.

Der „Weißwurst-Äquator“

So wird der 49. Breitengrad genannt, weil südlich davon diese ganz besondere bayerische Spezialität gern gegessen wird. Es gibt viele Regeln, wie man sie essen soll: **vor 12 Uhr mittags**, mit einer **Brezel** und einem **Weißbier** und viel **bayerischem süßen Senf**. Profis „zuzzeln“ bzw. saugen die Füllung aus der Haut. Es sind aber auch Messer und Gabel erlaubt, jedoch nicht, die Weißwurst mit Ketchup zu essen.

Bayern – weißblauer Himmel

Land der Bayern

Bayern hat eine Vielzahl berühmter und schöner Städte. Erkennen Sie ein paar davon?

1 

2 

3 

4 

___ A Nürnberg

___ B Würzburg

___ C Regensburg

___ D Rothenburg ob der Tauber

München

Setzen Sie aus den Wörtern ein paar der größten Attraktionen Münchens zusammen.

Zu München gehört für Fußballfans natürlich der FC Bayern München und sein Stadion, die Allianz Arena. Der Verein ist der erfolgreichste Fußballverein in Deutschland. Auch international ist der FC Bayern sehr erfolgreich. Viele seiner Spieler werden für die deutsche Nationalmannschaft nominiert.

1. HOFBRÄU-
2. OKTOBER-
3. OLYMPIA-
4. ENGLISCHER
5. ALTE
6. DEUTSCHES

___ A PINAKOTHEK

___ B MUSEUM

___ C FEST

___ D HAUS

___ E GARTEN

___ F PARK

Sind Sie Experte, wenn es um das bayerische Bier geht? Es können auch mehrere Antworten richtig sein.

Ein Prosit der Gemütlichkeit

1. Wer „eine Maß" Bier bestellt, bekommt einen großen Krug. Wie viel ist drin?
   - ☐ A 0,5 Liter
   - ☐ B 0,78 Liter
   - ☐ C 1 Liter

2. Wie heißt ein Weißbier in anderen Teilen Deutschlands auch?
   - ☐ A Hefeweizen
   - ☐ B Pilsener
   - ☐ C Altbier

3. Was tut man bei Hunger in einem traditionellen Biergarten?
   - ☐ A Man packt seine mitgebrachte Brotzeit aus.
   - ☐ B Man bestellt etwas bei der Bedienung oder an der Theke.
   - ☐ C Man verlässt den Biergarten und geht ins Restaurant.

4. Was bekommen Sie, wenn Sie ein „Radler" bestellen?
   - ☐ A Bier mit Wasser
   - ☐ B Bier mit Zitronen-limonade
   - ☐ C Bier mit Schnaps

Ordnen Sie die Begriffe rund um die bayerische Volksmusik zu.

Bayerische Klänge

1. Die Tiere auf der Weide klingeln damit.
2. Ein Tanz, der von Männern in Tracht getanzt wird.
3. Ein Saiteninstrument, das flach auf dem Tisch liegt.
4. Ein sehr langes Blasinstrument.
5. Ein typischer Gesang ohne Text.

___ A die Zither

___ B das Jodeln

___ C der Schuhplattler

___ D das Alphorn

___ E die Kuhglocke

Bayern – weißblauer Himmel

Märchenkönig

König Ludwig II. von Bayern wird auch der Märchenkönig genannt, weil er so viele Schlösser erbauen ließ. Welche dieser Aussagen über ihn sind wahr?

	WAHR	FALSCH
1. Ludwig II. war der letzte König von Bayern.	☐	☐
2. Er baute in der Nähe von Füssen sein Schloss Neuschwanstein.	☐	☐
3. Ludwig liebte Richard Wagner und dessen Opern.	☐	☐
4. Ludwig war sehr reich und konnte so viel Schlösser bauen, wie er wollte.	☐	☐
5. Der König starb 1886. Er ertrank im Starnberger See.	☐	☐

Wer bin ich?

Diese bekannten Persönlichkeiten kommen aus Bayern. Ordnen Sie zu.

1. Ich war Papst Benedikt XVI und komme aus Marktl in Oberbayern.
2. Ich war Dramatiker und bin in Augsburg geboren. Meine Dreigroschenoper ist berühmt.
3. Man nennt mich auch den „Kaiser". Ich war der wahrscheinlich bekannteste Fußballer Bayerns.
4. Mit 16 bin ich aus Franken nach Amerika ausgewandert. Dort habe ich die Jeans erfunden.
5. Ich war Pfarrer und habe Krankheiten mit Wasser geheilt.

___ A Franz Beckenbauer ___ B Sebastian Kneipp ___ C Joseph Ratzinger

___ D Bertold Brecht ___ E Levi Strauss

Hoast mi?

Verstehen Sie Bayerisch?

1. Hoast mi?
2. Servus!
3. oa Semmel
4. Griaß Gott!
5. da Kini

___ A der König

___ B ein Brötchen

___ C Guten Tag!

___ D Hallo / Tschüs!

___ E Verstehst du, was ich sagen will?

Wolpertinger

Vervollständigen Sie diese Legende über den Wolpertinger (auf Bayerisch: Woibbadinga) mit den Begriffen unten.

In den Alpen und im Bayerischen Wald lebt angeblich ein 1. ________ Tier: der Wolpertinger. Er hat den Körper eines Hasen, das Geweih eines Hirschen und die Flügel einer 2. ________. Der Wolpertinger ist sehr 3. ________. Man kann ihn nur im 4. ________ sehen und fangen. Und natürlich 5. ________ es den Wolpertinger nicht wirklich. Man kann ihn 6. ________ in bayerischen Souvenirläden finden. Angeblich wurde das Tier im 19. Jahrhundert „erfunden", um leichtgläubige 7. ________ zu beeindrucken.

Ein anderes, unsichtbares Wesen kommt ebenfalls aus Bayern: „Pumuckl", der Held einer Buch- und Fernsehserie. Er ist ein kleiner, rothaariger Kobold, der in der Werkstatt seines Meister Eder in München lebt. Dort denkt er sich zahlreiche Streiche aus, mit denen er die Herzen vieler Kinder gewonnen hat.

A gibt B scheu C trotzdem

D Mondschein E Ente F Touristen G seltenes

Im Ländle

Wir können alles ...

Diese Firmen sitzen in Baden-Württemberg. Was stellen sie her?

„Wir können alles. Außer Hochdeutsch“ So wirbt Baden-Württemberg für sich. Tatsächlich gibt es in dem südwestlichen Bundesland viel Know-How: Hier werden unter anderem Autos und Maschinen gebaut. Arbeiten heißt hier „schaffen“.

1. Daimler, Porsche
2. Hugo Boss
3. ratiopharm, Roche
4. Ravensburger
5. Bosch, Neff
6. Steiff

___ A Haushaltsgeräte, z.B. Waschmaschinen

___ B Medikamente

___ C Brettspiele, Kinderbücher

___ D Kuscheltiere, z.B. Teddybären

___ E Bekleidung

___ F Autos

Wissen ist Macht

Viele traditionelle Universitätsstädte in Baden-Württemberg laden zum Studieren ein. Erkennen Sie diese Universitätsstädte?

1

2

3

4

___ A Tübingen

___ B Freiburg im Breisgau

___ C Karlsruhe

___ D Heidelberg

Schwarzwald

Welches der fünf ist **nicht** typisch für den Schwarzwald?

1

Bollenhüte

2

Kuckucksuhren

3

Kirschtorte

4

Schinken

5

Blauschimmelkäse

Der Schwarzwald ist für seine wunderschöne Landschaft berühmt. Er ist Deutschlands höchstes und größtes Mittelgebirge. Seit Anfang 2014 gibt es im Nordschwarzwald sogar einen Nationalpark, in dem die Natur besonders geschützt wird.

Ich geb Gas ...

Als Gottlieb Daimler und Carl Benz das Auto erfanden, kannten sie noch nicht die Folgen für den Verkehr. Finden Sie die fünf Begriffe?

NSTAUIJULIAUTOBAHNCHRIUNFALLSTIRASTSTÄTTENEHATANKSTELLELL

Die Deutschen lieben Ihre Autos und fahren gern damit, was in manchen Städten zu großen Problemen mit der Luft führt. Deshalb gibt es Umweltzonen. Dort dürfen nur noch Autos fahren, die weniger Abgase produzieren. Das Auto braucht eine Plakette, die anzeigt, in welche Umweltzonen es fahren darf. Die Plakette ist entweder rot (schlecht), gelb (nicht sehr gut) oder grün (gut).

Im Ländle

Das schwäbische Meer

Welche Sätze über den Bodensee sind wahr und welche falsch?

Der Bodensee verbindet Österreich, die Schweiz und Deutschland. Mit 572 Quadratkilometern ist er einer der größten Süßwasserseen in Mitteleuropa. Auf der deutschen Seite nennt man ihn auch das „schwäbische Meer" bezeichnet, weil er so groß ist. Die anderen hören das aber nicht gern.

	WAHR	FALSCH
1. Bevor der Rhein in den Bodensee fließt, wird er als „Rheinfall von Schaffhausen" zum größten Wasserfall Deutschlands.	☐	☐
2. Jeder dritte Apfel aus Deutschland kommt aus der Gegend um den Bodensee.	☐	☐
3. Im Bodensee vor Konstanz fand man Reste eines „Pfahlbaus", eines Hauses aus der Steinzeit.	☐	☐
4. Die Donau fließt durch den Bodensee.	☐	☐
5. Die Insel Mainau ist ein wunderschöner Blumenpark, zu der man mit dem Schiff fahren muss.	☐	☐

Mir schwätzet Schwäbisch.

Ordnen Sie zu.

1. Der isch hald net schaffig.
2. Des Audo isch halba hee.
3. Dees isch mr abr arg.
4. Biddschee.
5. Net gschimpft is globt gnuag.

___ A Nicht geschimpft ist genug gelobt.

___ B Das tut mir sehr leid.

___ C Der ist nicht fleißig.

___ D Dieses Auto ist ziemlich kaputt.

___ E Bitte schön.

Ordnen Sie die Definitionen zu.

Typisch Schwäbisch

1. die Kehrwoche
2. der Cannstatter Wasen
3. die Larve
4. der Zeppelin

___ A Das ist eine Maske, die zur Fastnacht getragen wird.

___ B Das ist die Pflicht, am Samstag die Treppe und den Gehsteig sauber zu machen.

___ C Ein Luftschiff, das in Friedrichshafen entwickelt und gebaut wurde.

___ D Das ist das zweitgrößte Bierfest Deutschlands.

Baden-Württemberg besteht aus den Gebieten Schwaben und Baden. Die Bewohner mögen sich gegenseitig nicht: „Schwobeseckel" schimpft man auf der einen Seite, „Badenser" auf der anderen. Ein Spruch der Badener über die Schwaben ist besonders gemein: „Über Baden lacht die Sonne, über Schwaben die ganze Welt."

So lässt man es sich in Schwaben schmecken. Ordnen Sie die Bilder den Gerichten zu.

Herrgottsbscheißerle

1

2

3

4

___ A Käsespätzle

___ B Maultaschen

___ C Flädlesuppe

___ D Gaisburger Marsch

An Rhein, Main und Saar

Vater Rhein

Das schönste Stück vom **Rhein** liegt zwischen **Rheinland-Pfalz** und **Hessen**. Hier wächst exzellenter Wein an den Flussufern, hier kann man **traumhafte Burgen** bewundern und hier lockte nach einer Legende vor langer Zeit die **Loreley** Schiffe in ihren Untergang.

Mainhattan

Frankfurt am Main ist keine Landeshauptstadt – und trotzdem gibt es hier die wichtigste **Börse**, den größten **Flughafen** und die markanteste **Skyline** Deutschlands. Hier befinden sich die meisten **Wolkenkratzer** und auch das höchste Haus der Bundesrepublik: der 300 Meter hohe Commerzbank-Tower. Die Stadt, die am Fluss **Main** liegt, hat deswegen auch den Spitznamen **„Mainhatten"**.

Blick von der Cloef

Die **Saarschleife** bei Mettlach ist das Wahrzeichen des **Saarlandes**: Hier macht der Fluss Saar für eine Strecke von zwei Kilometern einen Umweg, der 10 Kilometer lang ist. Die unverwechselbare Landschaft, kann man vom Aussichtspunkt **„Cloef"** aus genießen.

An Rhein, Main und Saar

Romantischer Rhein

Bei St. Goarshausen liegt der malerische Loreley-Felsen im idyllischen Rheintal. Diese Orte hier liegen auch am Rhein. Wofür sind sie bekannt?

1

2

3

4

___ **A** Koblenz ist für das imposante Deutsche Eck bekannt.

___ **B** Wiesbaden ist für die Spielbank und das Reitturnier bekannt.

___ **C** Mainz ist für den Dom und den Fasching berühmt.

___ **D** Rüdesheim ist für den Rheingauer Riesling (eine Weinsorte) berühmt.

Saarland

Erraten Sie die Lösungen? Der Buchstabensalat hinter der Lücke hilft Ihnen.

1. Das Saarland gehört erst seit 1957 zur Bundesrepublik Deutschland. Es war lange das jüngste ____________. SANDELBUND
2. Wichtig für das Saarland ist die enge Beziehung zum Nachbarland ____________. RANKIFRECH
3. Sehr wichtig für die Wirtschaft des Saarlandes war früher die Kohle, also der ____________. GREBABU
4. Die Hauptstadt des Saarlandes heißt ____________. SÜCKERBARAN
5. Archäologen fanden im Saarland viele Spuren der Kelten und ____________. ÖRMRE

Mainz bleibt Mainz® ...

Was wissen Sie über die rheinland-pfälzische Landeshauptstadt am Rhein?

1. Welche hessische Stadt liegt direkt gegenüber von Mainz?

- ☐ **A** Frankfurt
- ☐ **B** Wiesbaden
- ☐ **C** Gießen

2. Wofür steht Mainz im Februar oder März?

- ☐ **A** für Karneval
- ☐ **B** für Skirennen
- ☐ **C** für Weinproben

3. Welcher Fernsehsender sendet aus Mainz?

- ☐ **A** das Erste – ARD
- ☐ **B** das Zweite Deutsche Fernsehen – ZDF
- ☐ **C** Südwestrundfunk- SWR

4. Zum Wein isst man in Mainz gern Spundekäs. Was ist das?

- ☐ **A** ein Frischkäse-Quark-Mix
- ☐ **B** ein Schimmelkäse
- ☐ **C** ein Hartkäse

Prost an Rhein, Main und Mosel

Ordnen Sie den Getränken das jeweils richtige Glas zu.

1

2

3

4

___ **A** Rheingauer Riesling-Sekt

___ **B** Hessischer „Äppelwoi" (Apfelwein)

___ **C** Liebliche Spätlese von der Mosel (sehr schwer und süß)

___ **D** Ein Schoppen Pfälzer Wein

An Rhein, Main und Saar

Das zweite Rom

In Trier haben die Römer viele Spuren hinterlassen. Was bedeuten die lateinischen Wörter auf Deutsch?

1. Porta Nigra
2. Aquädukt
3. Basilika
4. Dom
5. Thermae

___ A Königshalle

___ B Haus

___ C Schwarzes Tor

___ D Bad

___ E Wasserleitung

Eine der ältesten Städte Deutschlands ist Trier. Im 3. Jahrhundert war Trier der Sitz eines Gegenkaisers, deshalb wurde die Stadt auch „zweites Rom" genannt. Die römischen Baudenkmäler gehören seit 1986 zum UNESCO-Weltkulturerbe. Es gibt ein Amphitheater, zwei Thermen, eine Brücke, die Konstantinbasilika und den Dom. Das berühmteste Bauwerk ist die Porta Nigra.

Reformen

In Hessen und Rheinland-Pfalz befinden sich Orte, die nicht nur für die Geschichte Deutschlands wichtig sind. Wissen Sie, wann was passierte?

1. In der Frankfurter Paulskirche trifft sich die erste frei gewählte Volksvertretung.
2. Auf dem „Hambacher Fest" fordern Männer und Frauen ein freies, demokratisches Deutschland mit Meinungs-, Versammlungs- und Pressefreiheit.
3. In Worms steht Martin Luther vor dem Reichstag und spricht: „Hier stehe ich und kann nicht anders."
4. Karl Marx wird in Trier geboren.

___ A 1832

___ B 1818

___ D 1521

___ C 1848–49

Es war einmal ...

Deutsche Märchen fangen oft an mit „Es war einmal ...“. Die bekanntesten Märchenerzähler sind die Gebrüder Grimm. Erkennen Sie diese Märchen?

___ **A** Ein kleiner Junge und seine Schwester werden von einer Hexe eingesperrt, die den Jungen essen will. Doch seine Schwester rettet ihn.

___ **B** Ein Mädchen geht heimlich zum Fest aufs Schloss. Dort verliert sie einen Schuh. Der Prinz will sie heiraten und sucht nun das Mädchen, dem der Schuh passt.

___ **C** 100 Jahre lang schlafen alle Leute im Schloss, bis ein Prinz kommt und die Prinzessin mit einem Kuss weckt.

___ **D** Ein Mädchen muss vor seiner eifersüchtigen Stiefmutter fliehen und findet bei sieben Zwergen ein neues Zuhause.

___ **E** Eine böse Hexe sperrt ein Mädchen in einen hohen Turm ein. Das Mädchen hat sehr lange Haare.

1. Dornröschen
2. Aschenputtel
3. Hänsel und Gretel
4. Rapunzel
5. Schneewittchen

Jakob und Wilhelm Grimm aus dem hessischen Hanau sind für ihre Märchensammlung weltberühmt. Doch die Brüder waren keine Schriftsteller, sondern Wissenschaftler: Sie haben die Märchen nicht selbst geschrieben, sondern gesammelt. Sie waren in ganz Deutschland unterwegs, ließen sich Märchen erzählen und schrieben sie auf. Ihr Lebenswerk war ein Wörterbuch der deutschen Sprache.

Aus Grimms Märchenbuch

Welche sieben Märchenfiguren finden sie in dieser Wörterschlange?

ABCHEXEDEFEEFGHIFROSCHJKTHTEUFELOMVOLDZWERGMIRIESEKAWOLFSKO

Feste und Feiertage

Es weihnachtet sehr

Weihnachten ist das größte Fest in Deutschland, Österreich und der Schweiz, nicht nur für die Kinder. Was darf in der Weihnachtszeit nicht fehlen?

1

2

3

4

5

___ **A** Schmeckt mit oder ohne Glühwein: der Lebkuchen.

___ **B** Diese Kekse werden in vielen Familien in der Adventszeit gebacken: die Plätzchen.

___ **C** Jeden Sonntag wird eine Kerze mehr angezündet: Der Adventskranz.

___ **D** Unter ihm finden die Kinder ihre Geschenke: der Weihnachtsbaum.

___ **E** Zählt die Tage bis Weihnachten: der Adventskalender.

Feste feiern, wie sie fallen

Außer Weihnachten gibt es noch andere Feste und Feiertage. Kennen Sie die Bräuche?

1. Zu Ostern
2. Silvester
3. Der Nikolaustag ist am
4. Der Tag der Deutschen Einheit

___ **A** wird in Deutschland am 3. Oktober mit Festen in Stadt und Land gefeiert.

___ **B** werden bunte Eier versteckt. In manchen Regionen schmückt man auch die Brunnen mit Zweigen und bunten Eiern.

___ **C** ist der letzte Tag des Jahres und wird mit Feuerwerk und Partys gefeiert.

___ **D** 6. Dezember. Ein Heiliger bringt den braven Kindern Süßigkeiten.

Der Mai ist gekommen

In der Nacht zum ersten Mai werden in einigen Regionen Deutschlands, Österreichs und der Schweiz Maibäume (bunt geschmückte Bäume) aufgestellt. Allerdings gibt es Unterschiede. Setzen Sie die fehlenden Wörter ein.

A Kuss

B Österreich

C Marktplatz

D Liebesbeweis

E Mädchen

Im Rheinland stellen junge Männer den **1.** ______________ Birken-Bäume vors Haus. Das gilt als **2.** ______________ . Wenn der junge Mann Glück hat, bekommt er eine Belohnung: Einen Kuchen von der Mutter, einen Kasten Bier vom Vater und einen **3.** ______________ vom Mädchen. Oder man stellt Baumstämme auf dem **4.** ______________ auf, die andere aus den Nachbarorten versuchen zu stehlen. Deshalb muss er bewacht werden. In **5.** ______________ und Bayern gibt es das „Maibaum-kraxeln" – dabei klettern Leute am Stamm des Maibaumes hoch.

Volksfeste

Hamburg feiert den Hafengeburtstag, Lüneburg das Heideblütenfest, Stuttgart das Cannstatter Volksfest: Gerade im Sommer finden in Deutschland viele Volksfeste statt. In Weinregionen gibt es auch viele Weinfeste. Auch die Kirchweih oder Kirmes ist ein Anlass zu feiern.

1. Umzug
2. Blaskapelle
3. Rummel
4. Prozession
5. Tombola

___ A Hier gibt es Karussells, Losbuden und Schießstände.

___ B Musik, Trachten und Fahnen, ziehen durch den Ort.

___ C Auf dem Weg durch den Ort werden Kirchenlieder gesungen und Gebete gesprochen.

___ D Man kann ein Los kaufen und etwas gewinnen.

___ E Hier spielen Trompete, Posaune und Co.

Feste und Feiertage

Gesetzliche Feiertage

Was ist an „gesetzlichen“ Feiertagen in Deutschland die Regel?

	WAHR	FALSCH
1. Die Geschäfte sind geschlossen.	☐	☐
2. Restaurants und Cafés öffnen nicht.	☐	☐
3. Die Tankstellen arbeiten nicht.	☐	☐
4. Die Fahrpläne für Bus und Bahn sind anders.	☐	☐
5. Die Müllabfuhr fährt nicht.	☐	☐
6. Die Schule und der Kindergarten sind geschlossen.	☐	☐
7. Die Banken arbeiten nicht.	☐	☐
8. Die Geldautomaten funktionieren nicht.	☐	☐

Glücksbringer

Diese Symbole bringen angeblich Glück, nur eines soll Unglück bringen. Welches?

1

☐ vierblättriges Kleeblatt

2

☐ 1-Cent-Stück

3

☐ Schornsteinfeger

4

schwarze Katze ☐

5

Schweinchen ☐

6

☐ Hufeisen

St. Nimmerleinstag

Bayern hat mehr Feiertage als jedes andere deutsche Bundesland, nämlich 13. Dabei zählen der Oster- und der Pfingstsonntag nicht mit, da Sonntage sowieso arbeitsfrei sind. Welche Tage sind gesetzliche Feiertage in ganz Deutschland?

- ☐ 1. Maifeiertag
- ☐ 2. Muttertag
- ☐ 3. Halloween
- ☐ 4. Valentinstag
- ☐ 5. Christi Himmelfahrt
- ☐ 6. Karfreitag

Die fünfte Jahreszeit

Als fünfte Jahreszeit bezeichnet man die Zeit des Karnevals, in der viel gefeiert wird, mit Karnevalsumzüge, Verkleidung und Musik. Kennen Sie die Bräuche rund um den Karneval? Was stimmt und was nicht?

	WAHR	FALSCH
1. Der Karneval beginnt jedes Jahr offiziell am 11.11. um 11.11 Uhr.	☐	☐
2. Der Höhepunkt des Karnevals ist der „Aschermittwoch", an dem die größten Umzüge durch Mainz, Köln und Düsseldorf stattfinden.	☐	☐
3. Bei den Umzügen sind viele Menschen verkleidet und begrüßen sich überall mit „Hellau"!	☐	☐
4. Bei der berühmten Basler Fasnacht sind die Zuschauer nicht verkleidet, nur die Fasnachter tragen Masken.	☐	☐
5. Der Donnerstag der Faschingswoche gehört den Frauen: Sie dürfen Männern die Haare abschneiden.	☐	☐
6. Der Karneval endet am Faschingsdienstag um Mitternacht.	☐	☐

In Deutschland, Österreich und der Schweiz feiert man den Karneval bereits seit dem Mittelalter. Er heißt auch Fasching, Fasnet oder Fasenacht. Danach kommt die 40-tägige Fastenzeit, in der man kein Fleisch essen sollte, denn das Lateinische „Carne vale" heißt „Fleisch, auf Wiedersehen". Im Karneval wird viel gegessen, viel Alkohol getrunken und auch viel geflirtet.

Von der Kohle zur Kultur

Traumhaftes Münsterland

Wer herrliche **Schlösser** und **Burgen** liebt, kann im Münsterland viele besichtigen. Das Wasserschloss Nordkirchen wird auch das „Westfälische Versailles" genannt. Schon der kunstvolle Garten ist sehenswert. Das Münsterland ist auch bekannt für seine guten **Fahrradwege** und auch für seine **Pferdezucht**.

Glück auf!

Das **Ruhrgebiet** nannte man lange den **„Kohlenpott“** Deutschlands, denn hier wurde fast alles von der Kohle- und Stahlindustrie bestimmt. „Glück auf!“ war der Gruß der **„Kumpel“**, also der Bergarbeiter. Die Kohleindustrie spielt heute kaum noch eine Rolle – aus ehemaligen Industrieanlagen wurden Naherholungsgebiete, Museen, Veranstaltungshallen oder sogar Baudenkmäler, weil sie so schön sind, wie z.B. die **Zeche Zollverein Essen**.

Von der Kohle zur Kultur

Nordrhein-Westfalen

In Nordrhein-Westfalen gibt es viel zu entdecken. Ordnen Sie zu.

1

Wuppertaler Schwebebahn

___ **A** Von dieser riesigen Statue aus hat man einen schönen Ausblick auf den Teutoburger Wald.

___ **B** Diese Bahn ist etwas Besonderes! Wenn Sie damit fahren, haben Sie Luft unter sich – und die Gleise über sich.

___ **C** Hier ist das Grab Karls des Großen, eines der mächtigsten Kaiser des Mittelalters.

___ **D** In der ehemaligen Hauptstadt der Bundesrepublik wurde der Komponist Ludwig van Beethoven geboren.

___ **E** Über 300 Kneipen, Diskotheken und Restaurants, deswegen spricht man hier auch von der „längsten Theke der Welt".

2

Hermannsdenkmal

3

Beethovenstatue in Bonn

4

Düsseldorfer Altstadt

5

Aachener Dom

Ruhrpott

Finden Sie diese acht Städte des Ruhrgebiets?

KDSJFESSENAÄPEIRDORTMUNDIWEDJFDUISBURGLÖABOCHUMRE

SDGELSENKIRCHENADFJFBOTTROPALDMÜHLHEIMANDERRUHRALJFOBERHAUSEN

„Mer losse de Dom in Kölle“

Vervollständigen Sie die Sätze über Köln und seinen Dom, indem Sie die Buchstaben in die richtige Reihenfolge bringen.

Köln wurde im Jahr 50 n. Christus von der römischen **1.** ______________ INSERKAI Agrippina gegründet. Kaiser Barbarossa schenkte im Jahr 1164 der Stadt Köln Knochen der Heiligen Drei Könige, die nun im **2.** ______________ MOD aufbewahrt werden. Der älteste Teil des Kölner Doms wurde 1322 eingeweiht, es dauerte jedoch bis 1880, bis das **3.** ______________ BÄUGEDE fertig war. Köln ist eine bedeutende Kulturmetropole, in der man zahlreiche **4.** ______________ NESEMU und Konzerte besuchen kann. Mit über einer **5.** ______________ LIMLION Einwohnern ist Köln die viertgrößte Stadt Deutschlands.

99 Luftballons

Kennen Sie diese deutschsprachigen Musiker aus Nordrhein-Westfalen?

1. Die Toten Hosen machen Punkrock und kommen aus Düsseldorf. „Tote Hose“ ist sehr umgangssprachlich für ...

☐ **A** eine tolle Party. ☐ **B** nichts los. ☐ **C** kein Geld.

2. Wovor warnt Nenas Lied „99 Luftballons“?

☐ **A** Vor Wettrüsten und Krieg. ☐ **B** Vor zu viel Alkohol.
☐ **C** Vor unzuverlässigen Männern.

3. Udo Lindenberg wollte Anfang der 1980er Jahre unbedingt mit dem „Sonderzug nach Pankow“. Warum? Er wollte ...

☐ **A** seine Tante besuchen. ☐ **B** in der DDR auftreten.
☐ **C** dort zu einem Fußballspiel gehen.

4. Herbert Grönemeyer ist einer der beliebtesten deutschsprachigen Musiker. Er hat seiner Heimatstadt eine Hymne geschrieben. Wie heißt sie?

☐ **A** Münster ☐ **B** Gelsenkirchen ☐ **C** Bochum

Von der Kohle zur Kultur

Einmal Pommes Schranke, bitte!

Der Ruhrpott hat seinen eigenen Dialekt. Können Sie erraten, was diese Wörter bedeuten?

1. Pommes Schranke

- ☐ **A** ein Gerät zum Frittieren von Pommes Frites
- ☐ **B** Pommes Frites mit Ketchup und Majonäse

2. Klümpken

- ☐ **A** Süßigkeiten, Bonbons
- ☐ **B** kleine Autos

3. pille-palle

- ☐ **A** sehr kompliziert
- ☐ **B** sehr einfach

4. mit Schmackes

- ☐ **A** mit viel Kraft
- ☐ **B** geschmackvoll, mit Gefühl

Wo der Neandertaler herkommt

Kennen Sie diese Menschen aus Nordrhein-Westfalen? Wahr oder falsch?

	WAHR	FALSCH
1. Der Steinzeitmensch Neandertaler wurde nach dem Neandertal in Nordrhein-Westfalen benannt, wo man 1856 die Knochen fand.	☐	☐
2. Friedrich Wilhelm Murnau war der erste Bundeskanzler der Bundesrepublik Deutschland.	☐	☐
3. Claudia Schiffer war eine preisgekrönte Tänzerin und Choreographin.	☐	☐
4. Ralf Schumacher ist ein ehemaliger Formel 1-Weltmeister.	☐	☐
5. Heinrich Heine war Satiriker und der letzte Dichter der Romantik. Er schrieb das berühmte Lied von der „Loreley".	☐	☐

Fußballvereine

Nordrhein-Westfalen ist das Land des Fußballs, hier gibt es viele große Fußballvereine. Können Sie die Namen dieser Fußballvereine zusammenfügen?

1. VfL ___ A Dortmund
2. Borussia ___ B Schalke 04
3. MSV ___ C Bochum
4. FC ___ D Duisburg

Fußball

Lösen Sie das Kreuzworträtsel rund um den Fußball.

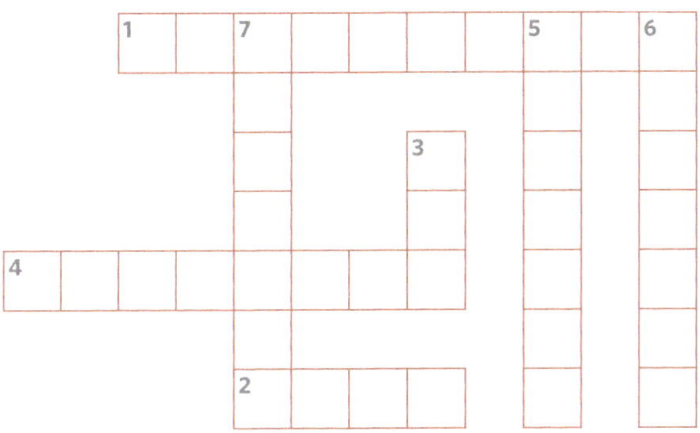

1. 11 Spieler auf dem Spielfeld sind eine ...
2. Die Farbe dieser Karte ist die erste Verwarnung bei einem Foul.
3. Wer diese Farbe sieht, muss das Spielfeld verlassen.
4. So heißen 45 Minuten eines Fußballspiels.
5. Signal zum Beginn des Spiels.
6. Er darf den Ball mit den Händen fangen.
7. So viele Minuten dauert ein Fußballspiel normalerweise.

Das Glück der Erde ...

Niedersachsen

Welche Sätze über Niedersachsen stimmen und welche sind falsch?

	WAHR	FALSCH
1. Niedersachsen ist das größte Bundesland Deutschlands.	☐	☐
2. Der größte Arbeitgeber in Niedersachsen ist Volkswagen.	☐	☐
3. In Hannover, der Landeshauptstadt Niedersachsens, spricht man angeblich das klarste Deutsch.	☐	☐
4. In Ostfriesland gibt es keine Pferde, da das Klima dafür zu kalt ist.	☐	☐
5. Die englische Queen Victoria stammte aus der Adelsfamilie der Welfen. Und die Welfen kommen aus Hannover.	☐	☐

Die Lüneburger Heide

Setzen Sie die fehlenden Wörter von unten ein.

Die Lüneburger Heide ist eine schöne **1.** ________________ zwischen Hamburg, Bremen und Hannover. Früher gab es in diesem Gebiet einen großen **2.** ________________. Im Mittelalter fanden die Menschen dann **3.** ________________. Doch um das Salz zu gewinnen, brauchte man viel **4.** ________________ um Feuer zu machen. Deshalb wurden Bäume gefällt und Schafe sorgten dafür, dass keine neuen Bäume wachsen konnten, so entstand vermutlich die Heide. Auch heute sieht man hier noch viele Schafe, die hier Heideschnucken heißen. Sie sorgen dafür, dass die Heide nicht zuwächst.

In der Heide kann man **5.** ________________ und Fahrrad fahren oder die romantischen Städte Lüneburg und Celle besuchen. Das Heideblüten-Fest ist das größte **6.** ________________ in Lüneburg.

A Holz **B** Wald **C** Landschaft

D Salz **E** Volksfest **F** wandern

Verbinden Sie die Sätze über Erfinder und Erfindungen aus Niedersachsen.

Erfindungen

Aus Niedersachsen kamen schon immer viele Erfindungen. In Hannover finden wichtige Messen statt. Auf der CeBit werden jedes Jahr die größten Neuheiten zum Thema „Computer“ vorgestellt, und die Hannovermesse gilt als weltweit wichtigste Industriemesse. Eine große Bedeutung hat das Auto: Nicht nur Volkswagen ist hier zuhause, sondern auch viele Firmen, die Zubehör und Bauteile für die Autoindustrie herstellen.

1. Werner von Siemens war ein Erfinder, der
2. Robert Koch war ein Mediziner, dessen
3. Hannah Arendt beschäftigte sich in ihren Arbeiten mit
4. Carl Friedrich Gauß war ein Mathematiker,

___ **A** Arbeit hilft, Krankheiten zu bekämpfen.

___ **B** der Frage, wie politische Systeme funktionieren.

___ **C** dessen Formeln und Rechnungen auch heute noch benutzt werden.

___ **D** den Dynamo entwickelte und einen großen Konzern für Elektrotechnik gründete.

Kennen Sie diese Teile eines Autos? Verbinden Sie den passenden Begriff mit dem Foto.

Autoteile

___ **A** Blinker

___ **B** Lenkrad

___ **C** Rad

___ **D** Kofferraum

Das Glück der Erde ...

Faustdick hinter den Ohren

Diese Geschichten sind schon mehrere Hundert Jahre alt und doch kennt sie auch heute noch fast jedes Kind. Ordnen Sie die Bilder den Geschichten zu.

1

2

3

___ **A** Die lustigen Geschichten von Till Eulenspiegel aus der Gegend von Braunschweig gibt es schon seit 500 Jahren.

___ **B** Freiherr C.F. von Münchhausen, auch „Lügenbaron" genannt, erzählte zum Beispiel davon, wie er auf einer Kanonenkugel ritt.

___ **C** Die Geschichten über die frechen Kinder Max und Moritz von Wilhelm Busch sind bis heute sehr bekannt.

Der Rattenfänger von Hameln

Bringen Sie die Geschichte in die richtige Reihenfolge.

Es war einmal vor langer Zeit in Hameln. Die Bürger der Stadt hatten ein großes Problem: viele Ratten. Da kam ...

A spielte eine Melodie. Da liefen alle Ratten hinter ihm her bis zum Fluss, wo sie ertranken. Danach forderte ...

B wütend. Einige Zeit später kam er wieder, nahm seine Flöte und spielte. Diesmal ...

C liefen ihm die Kinder der Stadt hinterher. Sie wurden nie mehr gesehen.

D der Mann sein Geld, bekam es aber nicht. Der Rattenfänger war deshalb ...

E ein Mann mit einer Flöte und sagte: „Ich vertreibe die Ratten". Die Bürger versprachen ihm dafür Geld. Der Mann ...

Richtige Reihenfolge: ____________

An der Nordseeküste

Richtig oder falsch?

	RICHTIG	FALSCH
1. Die Ostfriesischen Inseln liegen vor der deutschen Ostseeküste, die Nordfriesischen Inseln findet man in der Nordsee.	☐	☐
2. Die Sprache der Ostfriesen nennt man auch „flach".	☐	☐
3. Vor der ostfriesischen Küste kann man bei Ebbe durchs Watt wandern.	☐	☐
4. Ostfriesentee ist eine Mischung aus Ceylon- und Assamtee. Er ist immer sehr stark.	☐	☐
5. Der ostfriesische Komiker Otto Waalkes ist für seine gezeichneten Elefanten („Ottifanten") bekannt.	☐	☐
6. In Ostfriesland leben erst seit dem 13. Jahrhundert Menschen.	☐	☐

Typisch Ostfriesland

Hier sehen Sie einige Dinge, die typisch für Ostfriesland sind. Ordnen Sie zu.

1

2

3

4

5

___ **A** Krabben
___ **B** Schafe
___ **C** Pilsumer Leuchtturm
___ **D** Robben
___ **E** Strandkorb

Hamburg und Bremen

Hamburg – Das Tor zur Welt

Der Hamburger Hafen, der zweitgrößte Überseehafen Europas, ist Hamburgs größte Sehenswürdigkeit und – wie man sagt – das Tor zur Welt. Hier können Sie …

- ☐ bei der großen **Hafenrundfahrt** zwei Stunden lang staunen.
- ☐ riesige Containerschiffe aus aller Welt betrachten.
- ☐ zahlreiche **Museen** und Denkmäler besuchen.
- ☐ die neue **HafenCity** mit der **Elbphilharmonie** erkunden.
- ☐ in die einzige **schwimmende Kirche** Deutschlands gehen.
- ☐ die **Reeperbahn** auf St. Pauli und den **Fischmarkt** besuchen.

Bremens Freiheitsstatue

„Freie Städte“ wie **Hamburg** und **Bremen** waren im Mittelalter Städte mit dem Recht, Handel zu treiben **(Marktrecht)** und eigenem Gericht, ohne adelige Herrscher – sie hatten im Mittelalter nur den Kaiser über sich. Als Symbol für diese **Freiheit** stellten sie eine Statue des aufrechten, unabhängigen **Ritters Roland** auf dem Marktplatz oder vor dem Rathaus auf. Der Bremer Roland steht schon seit 1404 – und er war nicht der erste: Sein Vorgänger aus Holz verbrannte 1366.

Hamburg und Bremen

Die Geschichte der Hanse

Im Norden Deutschlands haben einige Städte in ihrem Namen den Titel „Hansestadt", z. B. Hamburg, Bremen, Rostock, Stralsund etc. Wissen Sie was die Hanse war? Beantworten Sie die Fragen.

1. Die Hanse war ein Bund vieler freier Städte Norddeutschlands. Sie entstand im Jahr …

☐ **A** 1356.
☐ **B** 699.
☐ **C** 1982.

2. Die Farben der Hanse sieht man in den Stadtwappen der Hansestädte. Es sind …

☐ **A** grün und lila. ☐ **B** rot und weiß.
☐ **C** blau und schwarz.

3. Ein Zweck der Hanse war es, sich gemeinsam zu schützen – wovor?

☐ **A** Vor schlechtem Wetter.
☐ **B** Vor Sturmfluten.
☐ **C** Vor Piraten.

4. Vor allem war die Hanse eine Gemeinschaft von …

☐ **A** Kaufleuten. ☐ **B** Priestern.
☐ **C** Musikern.

5. Nach dem 30jährigen Krieg gehörten nur noch drei Städte zur Hanse, nämlich: …

☐ **A** Lübeck, Rostock und Wismar. ☐ **B** Lübeck, Hamburg und Bremen.
☐ **C** Lübeck, Bonn und München.

Pfeffersäcke

Die reichen Händler der Hansestädte wurden oft spöttisch „Pfeffersäcke" genannt. Der Handel mit Gewürzen hatte sie reich gemacht. Im Mittelalter wurden Gewürze allgemein als „Pfeffer" bezeichnet. Kennen Sie die Bezeichnungen dieser Gewürze?

1

☐

2

☐

3

☐

4

☐

A Zimt **B** Nelken **C** Vanille **D** Pfeffer

Bremen und Hamburg sind Stadtstaaten, das bedeutet sie sind eine Stadt aber auch ein Bundesland, wie auch Berlin. Was gibt es in Hamburg und Bremen zu sehen? Ordnen Sie zu.

Sehenswerte Stadtstaaten

___ **A** Fachwerkhäuser im historischen Schnoor-Viertel in Bremen

___ **B** die Elbphilharmonie in Hamburg

___ **C** die Reeperbahn, Hamburgs berühmteste Straße im Vergnügungsviertel

___ **D** das Rathaus von Bremen

___ **E** die Speicherstadt in Hamburg

1

2

3

4

5

Kennen Sie diese berühmten Hamburger? Ordnen Sie zu.

Kinder Hamburgs

1. Hans Albers
2. Heinrich Hertz
3. Karl Lagerfeld
4. Johannes Brahms

___ **A** Dieser Physiker entdeckte die elektromagnetischen Wellen.

___ **B** Der „blonde Hans“, wurde für seine Seemannslieder und Filme in den 30er bis 50er Jahren geliebt. Er sang „Auf der Reeperbahn nachts um halb eins“.

___ **C** Der romantische Musiker komponierte ein berühmtes Schlaflied. Er starb 1897 in Wien.

___ **D** Dieser Modedesigner wurde in Hamburg in den 1930er Jahren geboren – in welchem Jahr genau ist aber sein Geheimnis.

Hamburg und Bremen

Bremer Stadtmusikanten

„Die Bremer Stadtmusikanten“ ist ein Märchen der Gebrüder Grimm. Im Märchen laufen die Tiere von zuhause weg, weil sie getötet werden sollen, weil sie schon alt sind. Sie machen sich auf den Weg nach Bremen, um dort Stadtmusikanten zu werden. Unterwegs finden sie eine Räuberhütte. Sie klettern aufeinander und machen „Musik“. Die Räuber bekommen Angst und laufen weg – und so haben die alten Tiere ein neues Zuhause gefunden.

Die Hauptpersonen im Märchen sind die folgenden Tiere. Welches Tier macht welchen Laut?

1. Hahn
2. Katze
3. Hund
4. Esel

___ A I-A

___ B kikeri-kiii

___ C miau

___ D wau-wau

Gutes Benehmen

Der Name Adolph Freiherr von Knigge steht für gutes Benehmen. Kennen Sie sich aus? Machen Sie den Test.

1. Sie betreten einen Raum, in dem sich ein Herr und eine Dame befinden. Wer grüßt wen?
   - ☐ **A** Ich begrüße zuerst die Dame, dann den Herren.
   - ☐ **B** Ich schüttele dem Herren die Hand, dann gebe ich der Dame einen Handkuss.
2. Sie sind verabredet und kommen 10 Minuten zu spät. Was machen Sie?
   - ☐ **A** Ich entschuldige mich für die Verspätung.
   - ☐ **B** Bei nur zehn Minuten muss ich nichts sagen.
3. Sie verabschieden sich von Susi Meyer, ihrer Reiseleiterin. Was sagen Sie?
   - ☐ **A** „Leben Sie wohl, Fräulein Susi!“
   - ☐ **B** „Auf Wiedersehen, Frau Meyer!“

Das Buch „Der Knigge“ hilft weiter, wenn es um gutes Benehmen geht. Freiherr von Knigge schrieb 1788 das erfolgreiche Werk „Über den Umgang mit Menschen“, das der Verlag nach seinem Tod mit Regeln des guten Benehmens ergänzte. Diese machten seinen Autor berühmt.

Hamburger Presse

Die meisten Zeitschriften Deutschlands werden in Hamburg produziert. Welche Überschrift könnte aus welcher Zeitschrift stammen?

1. Spiegel
2. Brigitte
3. Neues Blatt
4. Bravo

___ A Prinzessin Vanessa: Skandal auf der Hochzeit!

___ B **Bro ganz privat! Schule, Liebe und seine neuen Songs!**

___ C Die Mode des Sommers: Die neuen Trends und wie man sie trägt

___ D Warum die Regierung jetzt handeln muss

Sonntag, 20.15 Uhr

Am Sonntagabend um 20 Uhr 15 wird in vielen Wohnzimmern Deutschlands bekanntester Fernsehkrimi eingeschaltet, der „Tatort". Kennen Sie diese Begriffe rund um den Krimi?

1

2

3
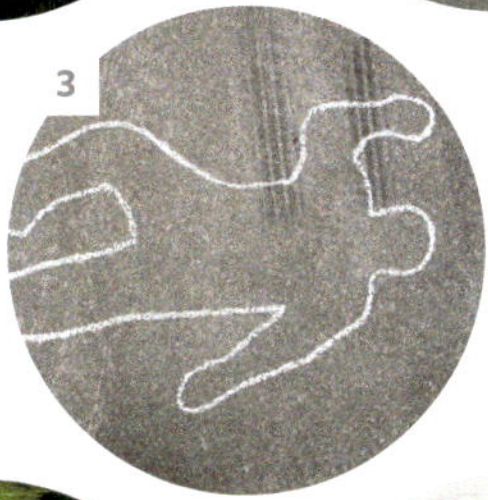

4

5

___ A Handschellen

___ B Streifenwagen

___ C Waffe

___ D Tatort

___ E Mordopfer

Hoch im Norden

Rund um den Nord-Ostsee-Kanal

Der Nord-Ostsee-Kanal fließt quer durch Schleswig-Holstein. Er ist die meistbefahrene künstliche Wasserstraße der Welt. Die Buchstaben der richtigen Antworten ergeben den Ort am östlichen Ende des Kanals.

1. In Schleswig-Holstein leben etwa 50.000
- ☐ **K** Dänen.
- ☐ **H** Schweden.
- ☐ **D** Schweizer.

2. „Land unter!“ heißt es, wenn bei einer Hallig-Insel
- ☐ **G** ein großes Schiff anlegt.
- ☐ **I** nur noch der höchste Punkt mit den Gebäuden aus dem Wasser schaut.
- ☐ **M** es so stark regnet, dass man nichts mehr sehen kann.

3. Bei Flut kommt das Meer, bei Ebbe geht es wieder. Dazu sagt man auch
- ☐ **D** Zeitung.
- ☐ **E** Gezeiten.
- ☐ **F** Zeitwasser.

4. Ebbe und Flut wechseln im Wattenmeer alle
- ☐ **L** sechs Stunden.
- ☐ **M** sechs Minuten.
- ☐ **U** sechs Tage.

Der Ort heißt __ __ __ __ .

Seemannsgarn

Lesen Sie folgende Aussagen über die Insel Helgoland. Drei davon sind wahr – welche ist falsch?

	WAHR	FALSCH
1. Nach dem Zweiten Weltkrieg sprengten die Briten die Militäranlagen auf Helgoland mit 6,7 Kilotonnen Sprengstoff. Nur ein Turm blieb stehen. Das ist heute der Leuchtturm von Helgoland.	☐	☐
2. Auf Helgoland dürfen keine Autos fahren. Auch Fahrräder sind verboten.	☐	☐
3. Sonntags darf auf Helgoland kein Alkohol getrunken werden. Ausnahme: Ein Schluck Rum im Kaffee mit Sahne (Pharisäer).	☐	☐
4. In den Hafen von Helgoland dürfen keine großen Schiffe hineinfahren. Deshalb müssen alle Besucher kurz vor der Insel in kleine Boote umsteigen.	☐	☐

Die Buddenbrooks

Was wissen Sie über den berühmten Lübecker Thomas Mann und seine Buddenbrooks? Die fehlenden Buchstaben ergeben von oben nach unten das Lösungswort.

1. Der Beruf von Thomas Mann war SCH__IFTSTELLER.
2. 1929 erhielt Thomas Mann den N__BELPREIS.
3. 1939 ging der Autor nach A__ERIKA.
4. Eines seiner Bücher heißt „Der Z__UBERBERG".
5. Lübeck ist eine HA__SESTADT.

Lösung: Die Buddenbrooks sind ein __ __ __ __ __.

In Lübeck kann man durch ein großes Werk der deutschen Literatur spazieren: Das Buddenbrook-Haus in der Mengstraße 4. Es zeigt das damalige Leben von Thomas Manns berühmter Kaufmanns-familie. Und natürlich verrät das Haus auch etwas über die Schriftsteller Heinrich und Thomas Mann und deren Familie, die hier wohnte.

Typisch Norden

Finden Sie die passenden Definitionen zu diesen Begriffen und Namen aus dem Norden.

1. Labskaus
2. Deich
3. Boßeln
4. Lübecker Marzipan

__ **A** Friesischer Nationalsport, bei dem die Straße zum Spielfeld wird.

__ **B** Gericht aus Corned Beef, Gewürzgurken, Kartoffeln und Roter Beete.

__ **C** Süßigkeit

__ **D** Kleiner Hügel hinter dem Meer als Schutz vor dem Meerwasser bei Flut.

Labskaus ist typisch für den Norden: Es war früher ein Essen für Seeleute, denn alles, was drin ist, ist lange haltbar und konnte auf weite Seereisen mitgenommen werden. Auf den Labskaus gehört ein Spiegelei und oft gibt es einen Hering dazu.

Hoch im Norden

Mehr als Meer

In Schleswig-Holstein kann man nicht nur Urlaub am Meer machen, sondern auch einiges erleben. Welche Beschreibung passt zu welchem Ereignis?

1. Es ist ein kleiner Ort. Aber einmal im Jahr feiern 75.000 Musikfans mit ihren Lieblingsbands auf dem wohl größten Heavy Metal Open Air Festival der Welt.
2. Hier werden die Geschichten um den Indianerhäuptling Winnetou jedes Jahr auf einer Open Air-Bühne aufgeführt.
3. Das größte Volksfest Nordeuropas und das größte Segelsportereignis der Welt finden hier statt.
4. Das größte klassische Musikfestival im Norden findet draußen, auf Bühnen, in Kirchen, Theatern, Industriegebäuden und sogar ehemaligen Kuhställen statt.

Der deutsche Autor Karl May schrieb im 19. Jahrhundert Abenteuerromane, die im Wilden Westen Nordamerikas oder im Orient spielten. Seine bekanntesten Figuren, den Indianerhäuptling Winnetou und seinen Freund, den Weißen Old Shatterhand kennt in Deutschland jeder. Es gibt auch zahlreiche berühmte Verfilmungen der Romane aus den 1960er Jahren.

___ A Kieler Woche ___ B Schleswig-Holstein Musik Festival

___ C Wacken Festival ___ D Karl-May-Spiele Bad Segeberg

Im Meer

Lesen Sie die Wörter. Sind das die Namen von nordfriesischen Inseln oder von Fischen?

A Amrum B Dorsch C Kabeljau

D Fehmarn E Hering F Föhr

G Aal H Sylt I Pellworm

1. Fische: ______________ 2. Inseln: ______________

Bringen Sie das Rezept für die Kaffeespezialität „Pharisäer" in die richtige Reihenfolge.

Starker Kaffee

Der Pastor der Insel Nordstrand war strikt gegen Alkohol. Wenn er kam, wurde nur Kaffee serviert. Da mischten sich die Inselbewohner Rum in den Kaffee bedeckten ihn mit Sahne, damit man den Alkohol nicht riecht. Der Pastor bekam natürlich nur Kaffee mit Sahne. Irgendwann bemerkte er es dann aber doch. „Oh, Ihr Pharisäer!" rief er. Den Namen Pharisäer trägt das Getränk heute noch.

A Geben Sie je einen großen Schluck Rum und etwas Zucker in die warmen Tassen und rühren Sie um.

B Kochen Sie ca. 1 Liter sehr starken Kaffee. Wärmen Sie vier große Tassen vor und schlagen Sie einen halben Liter Sahne steif.

C Verteilen Sie die Sahne auf den Kaffeetassen und genießen Sie Ihren Pharisäer, solange er heiß ist.

D Füllen Sie jetzt den heißen, frischen Kaffee auf den Rum.

Richtige Reihenfolge: ____________.

Ordnen Sie die plattdeutschen Wörter den hochdeutschen zu.

Wi snackt platt

„Wi snackt platt – Wir sprechen Plattdeutsch!" heißt es in Schleswig-Holstein immer wieder. Plattdeutsch gilt hier nicht nur als Dialekt, sondern als Sprache. In Schleswig-Holstein ist Plattdeutsch (oder „Niederdeutsch") sogar eine der Amtssprachen.

1. Moin
2. Tiden
3. lütsch / lütt
4. Gör
5. Deern
6. Mannslüüd
7. schnacken

___ A sich unterhalten

___ B Männer

___ C Kind

___ D Mädchen / Frau

___ E klein

___ F Gezeiten (Ebbe und Flut)

___ G Guten Morgen / Tag / Abend!

2000 Seen und ein Meer

Romantisches Rügen

340 Kilometer Ostseeküste hat Mecklenburg-Vorpommern mit seinen **Inseln**. Alte Hansestädte wie **Wismar** und **Rostock**, verträumte **Seebäder** und malerische **Dörfer** sind typisch für diesen Teil der Ostseeküste. Für viel Nostalgie sorgt die Dampflokomotive „Rasender Roland“. Sie fährt seit 1899 durch **Rügen**, der größten deutschen Insel. Rügens **Kreidefelsen** machte der romantische Maler **Caspar David Friedrich** zu einem bekannten Motiv.

Für Wasserratten

Wasserratten, so nennt man auch Menschen, die sich am und im Wasser besonders wohl fühlen. Wasserratten können in **Brandenburg** …

- ☐ mit dem Kanu den **Spreewald** erkunden.
- ☐ an einem der vielen **Seen** in der Uckermark, dem Ruppiner Seenland und dem Havelland den Sommer genießen.
- ☐ auf dem **Scharmützelsee**, dem „märkischen Meer", segeln gehen.

Wer vom Wasser genug hat, kann **Schlösser**, Burgen und Gutshäuser besuchen und durch ihre idyllischen Parks und **Gärten** spazieren.

2000 Seen und ein Meer

Mecklenburg-Vorpommern

Hiddensee

Heiligendamm

Wismar

Rostock

In Mecklenburg-Vorpommern gibt es viel zu entdecken. Welche Beschreibung passt zu welchem Ort?

___ **A** Das älteste Seebad Deutschlands, dessen prächtige klassizistische Bauten weiß gestrichen waren. Deshalb nannte man den Badeort auch „Die weiße Stadt am Meer“.

___ **B** Eine alte Hanse- und Handelsstadt. Hier kann man an alten Patrizierhäusern die geschmückten Fassaden mit ihren „Treppengiebeln“ sehen.

___ **C** Diese Ostseeinsel liegt gleich neben Rügen. Fast autofrei und sehr malerisch wurde sie Anfang des 20. Jh. zum beliebten Ort für Künstler wie Gerhard Hauptmann (Schriftsteller) oder Käthe Kollwitz (Malerin).

___ **D** Zu dieser großen Hansestadt gehört der Badeort Warnemünde, wo neben einem alten Leuchtturm ein auffälliger, moderner Teepavillon steht.

Strandgut

Was können Sie beim Spaziergang am Strand finden? Und was werden Sie wahrscheinlich nicht finden? Durchsuchen Sie die Wörterschlange.

DABERNSTEINUAUSRMUSCHELJSOZKKREBSVUSCHATZPLWATTWURMÖKJMÜLLJIN

Babelsberg

Die Region Berlin-Brandenburg ist der begehrtester Drehort Deutschlands. Hier ist auch eines der ältesten Filmstudios der Welt, das Filmstudio Babelsberg. Finden Sie die richtigen Antworten.

Der expressionistische Film „Metropolis“ von Fritz Lang wurde 1925 und 1926 in Babelsberg in Brandenburg gedreht. Als erster Film überhaupt wurde er ins UNESCO Weltdokumentenerbe aufgenommen. Er gilt als stilbildend für das Science Fiction-Genre.

1. Welcher weltberühmte Regisseur arbeitete 1924/25 in Babelsberg?

☐ **A** Alfred Hitchcock ☐ **B** Martin Scorsese

2. Welche Frau war der „Blaue Engel“, sang „Lili Marlen“ und war der erste deutsche Hollywood-Star?

☐ **A** Zsa Zsa Gabor ☐ **B** Marlene Dietrich

3. Was macht den Film „Jakob der Lügner“ besonders?

☐ **A** Er ist der einzige DDR-Film, der je für einen Oscar nominiert wurde.

☐ **B** Er ist der teuerste Historienfilm in der Geschichte der Babelsberger Filmstudios.

Sanssouci

Entdecken Sie das Schloss Sanssouci in Potsdam. Was gehört wohin?

Der preußische König Friedrich II. nannte sein „kleines Sommerschloss“ Sanssouci, denn hier wollte er ganz ohne **1.** ________________ sein. Das Schloss ist im Stil des **2.** ________________ gebaut, wie er Mitte des 18. Jahrhunderts in Mode war. Friedrich II. wird auch Friedrich der Große oder der **3.** ________________ genannt. Er liebte die **4.** ________________, komponierte selbst und spielte sehr gut **5.** ________________. Sanssouci liegt in Potsdam, nahe bei Berlin. Ein Ausflug dorthin lohnt sich schon für einen **6.** ________________ im herrlichen Schlosspark.

A Alte Fritz **B** Rokoko **C** Spaziergang

D Querflöte **E** Musik **F** Sorgen

2000 Seen und ein Meer

Glocken vom Meeresgrund

Verbinden Sie die Sätze und erfahren Sie etwas über die sagenhafte Stadt Vineta, die, wie man sich erzählt, im Meer vor der Insel Usedom versunken ist.

1. Es war einmal eine reiche, schöne Stadt am Meer. Die Menschen dort waren aber ...
2. Eines Tages erschien am Himmel ein Bild der Stadt. Die Alten wussten, dass das eine Warnung war und riefen:
3. Niemand glaubte der Warnung, und ...
4. Noch heute sind angeblich die Glocken der Türme Vinetas ...

___ **A** aus dem tiefen Meer zu hören.

___ **B** Vineta versank mit allen Bewohnern im Meer.

___ **C** „Verlasst die Stadt, denn sie wird untergehen!"

___ **D** egoistisch und unmoralisch.

Der Spreewald

Im Spreewald gibt es viel zu entdecken. Welche Aussagen über diese Landschaft in Brandenburg sind wahr?

	WAHR	FALSCH
1. Die fast 1000 Kilometer Flüsschen und Kanäle kann man komplett mit dem Motorboot erkunden.	☐	☐
2. Es ist schwierig, an Land zu allen Häusern zu kommen. Deshalb bringt im Spreewald nicht der Postbote, sondern das Postboot Briefe und Päckchen.	☐	☐
3. Im Spreewald wird viel Gemüse angebaut, vor allem Gurken. Diese kann man dann in ganz Deutschland als Konserve kaufen.	☐	☐
4. Die meisten Ortsschilder sind zweisprachig: auf Deutsch und im örtlichen Spreewald-Dialekt.	☐	☐

Das deutsche Meeresmuseum in Stralsund war schon zu DDR-Zeiten ein beliebtes Ziel der Touristen. Seit einigen Jahren gibt es daneben auch noch das OZEANEUM. Für Liebhaber von Meerestieren ist daher ein Besuch in Stralsund ein unbedingtes Muss.

Im Meer

Finden Sie möglichst viele Meerestiere in der Wortschlange. Wir haben 10 versteckt.

DLRMDELFINFURFISCHZGEKRABBEKBOKREBSSYQUHMUSCHELDTZLNROBBEFDKWSCHILDKRÖTEKXCISEEHUNDDDBXSEESTERNALTWAL

Heinrich von Kleist

Heinrich von Kleist wurde in Frankfurt an der Oder in Brandenburg geboren. Kennen Sie sein berühmtestes Theaterstück?

- ☐ **A** Der zerschlagene Teller
- ☐ **B** Der gerissene Strick
- ☐ **C** Der zerbrochene Krug
- ☐ **D** Der gesprungene Spiegel

Thüringen – das grüne Herz Deutschlands

Die Wartburg

Die Wartburg oberhalb der Stadt Eisenach hat in der Geschichte Deutschlands eine besondere Bedeutung. Ordnen Sie zu.

1. Ein Tintenfleck
2. Beim Sängerkrieg auf der Wartburg
3. Die heilige Elisabeth
4. Inkognito, als „Junker Jörg“

___ **A** sollen sich Dichter und Minnesänger des Mittelalters getroffen haben.

___ **B** übersetzte Martin Luther auf der Wartburg die Bibel ins Deutsche.

___ **C** lebte auf der Wartburg und half den Armen und Kranken.

___ **D** ist dort, wo Martin Luther angeblich sein Tintenfass nach dem Teufel geworfen hat.

Der Thüringer Wald ist beeindruckend. Das fand auch der Graf von Schauen burg, der einst ausgerufen haben soll: „Wart‘ Berg, du sollst mir eine Burg werden!“. Heute steht an dieser Stelle die Wartburg. Sie ist eine der schönsten Burgen Deutschlands und einer der historisch wichtigsten Orte.

Der Königsweg

Setzen Sie die Städtenamen Thüringens ein.

Jena

Weimar

Gotha

Erfurt

A In ____________ finden Sie das Schloss „Friedenstein“, dessen Park Goethe einst „himmlisch“ fand.

B In ____________ steht seit 1325 die „Krämerbrücke“, die vollständig mit Häusern bebaut ist.

C In ____________ wurde 1919 das „Bauhaus“ gegründet, das die Architektur revolutionierte.

D In ____________ begann Carl Zeiss 1848 Mikroskope zu bauen.

Die Goethe- und Schiller-Stadt

Seit mehr als 150 Jahren stehen die zwei wichtigsten deutschen Dichter vor dem Deutschen Nationaltheater in Weimar – als Statuen natürlich. Goethe und Schiller waren Kollegen und enge Freunde – obwohl Goethe den jüngeren Schiller anfangs gar nicht mochte. Von dem Denkmal gibt es übrigens noch fünf Kopien: Vier in den USA und eine in China.

Nach der Stadt Weimar wurde sogar eine Literaturepoche benannt: „die Weimarer Klassik", deren bekannteste Vertreter Goethe und Schiller waren. Wahr oder falsch?

	WAHR	FALSCH
1. Johann Wolfgang Goethe und Friedrich Schiller beeinflussten sich in ihrer Weimarer Zeit gegenseitig.	☐	☐
2. Goethe arbeitete in Weimar nicht nur an seiner Literatur sondern auch an naturwissenschaftlichen Themen.	☐	☐
3. Sein Geld verdiente Goethe als Minister, unter anderem als Kriegsminister.	☐	☐
4. Goethes Wohnhaus brannte 1844 vollständig ab.	☐	☐
5. Das Goethe- und Schiller-Archiv in Weimar ist das älteste Literaturarchiv Deutschlands.	☐	☐

Dramen und Tragödien

Welche Dramen sind von Goethe, welche von Schiller?

1. Goethe 2. Schiller

___ A Iphigenie auf Tauris

___ B Faust. Eine Tragödie

___ C Maria Stuart

___ D Torquato Tasso

___ E Wallenstein Tauris

___ F Kabale und Liebe Tauris

Thüringen – das grüne Herz Deutschlands

Es geht um die Wurst

Weit über die Region hinaus bekannt und erhältlich sind die Thüringer Bratwürste. Beantworten Sie die Fragen zur Wurst und dann probieren Sie mal eine!

1. Wie alt ist das älteste bekannte Rezept für die Spezialität?
   - ☐ A ca. 900 Jahre
   - ☐ B ca. 400 Jahre

2. Wie lang müssen die Würstchen mindestens sein?
   - ☐ A 26 cm
   - ☐ B 15 cm

3. Wie bereitet man die Bratwürste zu?
   - ☐ A auf dem Grill oder in der Pfanne
   - ☐ B im Backofen

Barbarossa

Friedrich I war deutscher Kaiser von 1155–1190. Er wurde wegen seines roten Bartes auch Barbarossa (it. für Rotbaart) genannt. Er führte Krieg gegen italienische Städte, hatte Ärger mit dem Papst und ertrank schließlich auf einem Kreuzzug, bevor er das Ziel erreichte. Doch die Menschen wollten seinen Tod nicht glauben und so entstanden die Geschichten um den immer noch lebenden Barbarossa.

Auf dem Kyffhäuser, einem Berg an der Grenze zwischen Thüringen und Sachsen-Anhalt, steht das Kyffhäuser-Denkmal. Eine alte Sage erzählt vom Kyffhäuser. Setzen sie ein.

Tief im Berg schläft Kaiser Friedrich I, genannt **1.** ______________. Alle 100 Jahre wacht er auf. Wenn dann immer noch **2.** ______________ um den Berg kreisen, schläft er weitere 100 **3.** ______________ . Der lange **4.** ______________ des Kaisers wächst. Jetzt ist er schon zwei Mal um den **5.** ______________ herum gewachsen. Wenn er zum dritten Mal um den Tisch herum gewachsen ist, erwacht Barbarossa. Dann kommt es zur letzten **6.** ______________ zwischen Gut und Böse.

A Raben B Tisch C Jahre

D Barbarossa E Schlacht F Bart

Neues aus Thüringen

Diese Thüringer kennen Sie vielleicht nicht. Ihre Erfindungen sind dafür sehr bekannt. Ordnen Sie zu.

1. Der Pädagoge Friedrich Fröbel gründete 1840 diesen Ort, an dem kleine Kinder spielen und lernen können.
2. Der Alchimist Johann Friedrich Böttger erfand dieses Material für edle Tassen und Teller zufällig.
3. Johann August Röbling war ein Ingenieur und Brückenbauer. Er machte die Pläne für diese Hängebrücke in New York.

___ A Die Brooklyn Bridge

___ B Das europäische Porzellan

___ C Der Kindergarten

Gartenzwerge

Kennen Sie das Werkzeug der Gartenzwerge? Ordnen Sie zu.

1

2

3

4

5

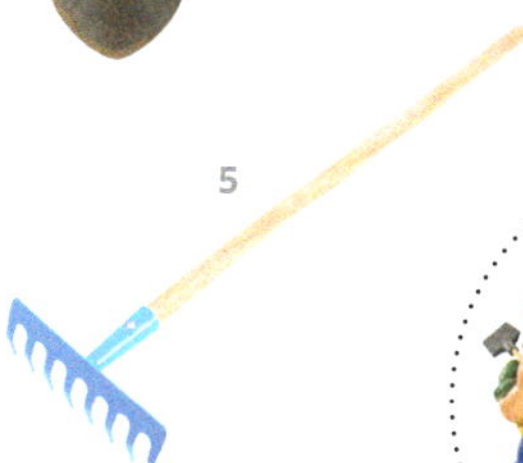

___ A Laterne ___ B Schaufel

___ C Rechen ___ D Gießkanne

___ E Schubkarre

Geliebt, gehasst oder belächelt: 25 Mio. Gartenzwerge stehen in deutschen Gärten. Die typisch deutsche Gartendekoration kommt seit 1874 aus Gräfenroda in Thüringen – dort gibt es sogar ein Museum für die Zwerge. Gartenzwerge sind jedoch nicht jedermanns Geschmack.

Vom Harz zum Erzgebirge

Elbflorenz

August der Starke war Kurfürst von **Sachsen**, Großfürst von Litauen und König von Polen. Vor allem aber war er ein eifriger Bauherr, der sich mit zahlreichen **Barockbauten** in **Dresden** selbst ein Denkmal setzte. Ein bedeutender Prachtbau ist der **Zwinger**, ein Gesamtkunstwerk aus Gebäuden, einer Orangerie und Parkanlagen, der am Ufer der **Elbe** steht.

Quedlinburg

Quedlinburg liegt nördlich vom **Harz** in **Sachsen-Anhalt**. Zu ihrem 1000ten Geburtstag 1994 wurde die historische Altstadt von der UNESCO zum Welterbe erklärt. **1200 Fachwerkhäuser** aus sechs Jahrhunderten machen die Stadt mit ihren gepflasterten Straßen und **verwinkelten Gassen** zu einer ganz besonderen Entdeckung. Südlich der Stadt erhebt sich der Schlossberg mit der romanischen **Stiftskirche**.

Vom Harz zum Erzgebirge

Landschaften

Sachsen und Sachsen-Anhalt sind voller abwechslungsreicher Landschaften. Ordnen Sie zu.

1 

2 

3 

4 

___ **A** Im Elbtal bei Radebeul ist das Klima sehr mild. Dort wird sogar Wein angebaut.

___ **B** Das Erzgebirge ist ein Mittelgebirge an der Grenze zwischen Sachsen und Böhmen (Tschechien), das vom Bergbau geprägt ist.

___ **C** Die Sächsische Schweiz ist der deutsche Teil des Elbsandsteingebirges. Typisch sind die bizarren Felsen.

___ **D** Die Magdeburger Börde ist die zentrale Landschaft Sachsen-Anhalts. Hier gibt es viel Landwirtschaft.

Bedeutende Städte

Viele bedeutende Städte befinden sich in Sachsen und Sachsen-Anhalt. Setzen Sie ein.

1. In ________________ nagelte Martin Luther seine 95 Thesen an die Kirchentür. Damit begann die Reformation.
2. Seit 1708 wird in ________________ das berühmte „Meissner Porzellan" hergestellt.
3. ________________ wird auch „Elbflorenz" genannt wegen seiner barocken und mediterranen Architektur.
4. In ________________ findet eine wichtige Buchmesse statt.
5. ________________ ist die Hauptstadt Sachsen-Anhalts und für seinen Dom berühmt.
6. ________________ hieß zur DDR-Zeit Karl-Marx-Stadt. Der Name wurde nach der Wiedervereinigung aber wieder geändert.

A Leipzig **B** Magdeburg **C** Chemnitz **D** Meißen **E** Wittenberg **F** Dresden

Leipzig und Dresden

Zu welcher der beiden Städte gehören diese Dinge jeweils? Ordnen Sie zu.

Dresden

Leipzig

___ **A** das Gewandhaus ___ **B** der Stollen (ein Weihnachtsgebäck)

___ **C** die Frauenkirche – sie wurde nach dem zweiten Weltkrieg wieder aufgebaut.

___ **D** die Nikolaikirche – von hier gingen die Montagsdemos vor der Wende aus.

___ **E** das Allerlei (ein Gemüsegericht) ___ **F** das Völkerschlachtdenkmal

___ **G** der „Goldene Reiter", ein Standbild von August dem Starken ___ **H** die Semperoper

„Go, Trabi go!"

Der Trabi (Auto der Marke Trabant) gilt als typisches DDR-Auto und wird heute nicht mehr produziert. Welche Fakten über das Kultauto sind richtig und welche sind falsch?

	RICHTIG	FALSCH
1. In der ehemaligen DDR wurden in Zwickau Trabis produziert.	☐	☐
2. Ab 1904 baute August Horch hier die ersten Autos. Aus dem Namen „Horch" wurde „Audi" – das heißt „horch!" auf Sächsisch.	☐	☐
3. Nach dem zweiten Weltkrieg wurde Audi in VEB (volkseigener Betrieb) Sachsenring umbenannt und im Westen, in Ingolstadt, wurde das neue Unternehmen Audi gegründet.	☐	☐
4. Der Trabi wurde auch als „Pappe" oder „Rennpappe" bezeichnet, da seine Karosserie wenig Blech enthielt.	☐	☐
5. In den Jahren vor der Wiedervereinigung war der Trabi so beliebt, dass es sogar einen Kinofilm mit dem Titel „Go Trabi, go!" über ihn gab.	☐	☐

Vom Harz zum Erzgebirge

Der Brocken

Über den Brocken, den höchsten Berg des Harz, gibt es viele Geschichten. Setzen Sie die Wörter ein.

„Viele Steine, müde 1. ________________, Aussicht keine, Heinrich Heine." Das stand einst im Buch auf dem Gipfel des Brocken. Es ist unwahrscheinlich, dass Heinrich Heine das tatsächlich 2. ________________ hat. Sehr wahrscheinlich ist aber, dass der Dichter bei seiner Brocken-Wanderung 1824 keine 3. ________________ hatte: An über 300 Tagen im Jahr liegt der Gipfel des Brocken im 4. ________________. Vielleicht ist das auch der Grund dafür, dass der Brocken (auch 5. ________________ genannt) als geheimnisvoller Berg gilt. Angeblich versammeln sich hier die 6. ________________ zum Tanz in der Walpurgisnacht, der Nacht vor dem ersten Mai. Durch Goethe wurde der Hexensabbat in seinem Drama 7. ________________ berühmt.

A Aussicht B Blocksberg C Beine

D Hexen E Nebel F Faust I G geschrieben

Die Sorben

Das kleine westslawische Volk der Sorben lebt im Norden Sachsens und im Süden Brandenburgs. Welche Antworten sind richtig?

1. Mit welchen Sprachen ist das Sorbische eng verwandt?
   - ☐ A Mit Tschechisch und Polnisch.
   - ☐ B Mit Deutsch und Holländisch.

2. Für was sind die Sorben berühmt?
   - ☐ A Für ihre Dichter.
   - ☐ B Für ihre Traditionen und Trachten.

3. Beim sorbischen Fest der Vogelhochzeit bedanken sich die Vögel mit Süßigkeiten. Wofür?
   - ☐ A Für das Vogelfutter im Winter.
   - ☐ B Für schöne Vogelhäuschen.

4. Besonders viele Bräuche gibt es
   - ☐ A zur Erntezeit.
   - ☐ B an Ostern.

Weihnachtliche Schnitzkunst

Das Erzgebirge in Sachsen ist berühmt für seine wunderschönen Weihnachtsdekorationen. Ordnen Sie zu.

1

2

3

4

___ A Eine Weihnachtspyramide dreht sich, wenn die Kerzen brennen.

___ B Mit einem Nussknacker kann man Nüsse „knacken“, d. h. öffnen.

___ C Räuchermännchen sorgen für einen guten Duft.

___ D Schwibbögen erleuchten im Advent viele Fenster.

Das Bauhaus

Welche Architekten und Künstler waren Lehrer am Bauhaus?

- ☐ 1. Roy Lichtenstein
- ☐ 2. Wassily Kandinsky
- ☐ 3. Lyonel Feininger
- ☐ 4. Paul Klee
- ☐ 5. Pablo Picasso
- ☐ 6. Ludwig Mies van der Rohe

Das als Kunstschule gegründete „Bauhaus“ steht für moderne Architektur. 1926 zog es von Thüringen nach Dessau in Sachsen-Anhalt. Der Grund war politischer Druck, da die moderne, schmucklose Form bei konservativen Personen unbeliebt war. In Dessau erlebte das Bauhaus eine kurze Blütezeit, bis es 1932 wieder schließen musste, diesmal auf Befehl der Nationalsozialisten.

Steckenpferde: Freizeit und Hobby

Sport

Wenn man der Statistik glaubt, sitzen die Deutschen in ihrer Freizeit meist vor dem Fernseher. Viele machen aber auch gerne Sport. Ordnen Sie diese Sportarten nach ihrer Beliebtheit. In Österreich und der Schweiz spielt natürlich auch Skifahren eine große Rolle.

Das Rhönrad ist ein Turngerät, das in den 1920er Jahren in Deutschland, in der bayerischen Rhön, erfunden wurde. Die Weltmeistertitel in dieser Sportart wurden bisher auch meist von deutschen Turnern gewonnen – bis 2013 bei den Männern die Weltmeistertitel in allen vier Disziplinen nach Japan gingen.

A Fahrradfahren

B Fußball

C Schwimmen

D Joggen

E Tennis

Richtige Reihenfolge: ____________

Vereinsmeier e. V.

Hobbys werden gerne in Vereinen gepflegt. Für fast alles gibt es einen Verein. „Vereinsmeierei" heißt das manchmal. Was machen die Leute in diesen Vereinen?

1. Alpenverein
2. Filminitiative Würzburg
3. Philatelistenverein Luzern
4. Schützenverein Germania
5. Liederkranz 1888
6. Familiengartenverein

___ A Obst und Gemüse anpflanzen

___ B Briefmarken sammeln

___ C im Chor singen

___ D Wandern und Klettern

___ E Schießen und die Tradition pflegen

___ F ein Kinofestival organisieren

Ein Kleingarten oder Schrebergarten bietet die Möglichkeit, selbst Obst und Gemüse anzubauen. Die Anlagen sind teilweise sehr groß. Organisiert wird alles von Vereinen, mit vielen Regeln. Deshalb waren die Kleingärten bei jungen Leuten lange unbeliebt. In den letzten Jahren hat sich das geändert: Junge Familien entdecken die Gärten für sich.

Festivals

Gerade im Sommer locken in Österreich, der Schweiz und Deutschland zahlreiche Musikfestivals die Besucher an. Ordnen Sie das Festival der entsprechenden Stadt zu.

___ **A** Die Bregenzer Festspiele (A)

___ **B** Richard Wagner-Festspiele in Bayreuth (D)

___ **C** Das Montreux Jazz Festival (CH)

___ **D** das Techno-Festival „Street Parade" in Zürich (CH)

An der Kinokasse

Ein Kinobesuch ist etwas Schönes. Bringen Sie das Gespräch an der Kinokasse in die richtige Reihenfolge, indem Sie den Fragen die richtige Antwort zuordnen.

1. Guten Tag. In welchem Saal läuft „König des Meeres"?
2. Gibt es noch drei Plätze in Reihe 6?
3. Gibt es heute Studentenermäßigung?
4. Schade. Trotzdem: Drei Tickets, bitte.
5. Danke. Wo sind denn hier die Toiletten?

___ **A** Nein, Samstagabend gilt immer der volle Preis.

___ **B** Das macht dann 27 Euro. Hier, bitte, Ihre Karten.

___ **C** Ja, aber nicht mehr nebeneinander. Ich hätte noch drei in Reihe 7.

___ **D** Hinter dem Popcorn-Stand. Beeilen Sie sich, die Werbung läuft schon.

___ **E** In Kino drei. Die Vorstellung beginnt gleich.

Steckenpferde: Freizeit und Hobby

Grillparty im Schrebergarten

Grillen gehört zu den liebsten Freizeitbeschäftigungen der Deutschen. Welches Wort passt jeweils nicht in die Reihe?

Oft liegen auf dem Grill Bratwürste. Im Norden liebt man die Bratwurst grob, im Süden feiner. Ansonsten unterscheiden sie sich durch die Gewürze und die Länge. Welche Bratwurst ist die beste? Die Thüringer, die Nürnberger, eine Rindswurst oder eine schwäbische „Rote"? Einfach ausprobieren! Übrigens, Wiener Würstchen (die in Wien allerdings Frankfurter heißen), werden meist nur gekocht, nicht gegrillt.

1. Karotte – Tomate – Zucchini – Würstchen
2. Bier – Wein – Gartenzwerg – Limonade
3. Kräuterbutter – Gurkensalat – Liegestuhl – Weißbrot
4. Steak – Ball – Schaschlik – Bratwurst

Rezept für Kartoffelsalat

Ein Kartoffelsalat ist ein kulinarischer Klassiker, der auf keiner Grillparty fehlen darf. Es gibt unzählige verschiedene Rezepte. Hier ist eines davon. Setzen Sie ein.

Zutaten:
ca. 1 Kilo Kartoffeln
1 Zwiebel
6 EL Essig
1 TL Senf
2 EL Öl
125 ml heiße Fleisch-brühe
Salz, Pfeffer, Zucker

A verrühren B kochen C schälen A mischen B gießen

Die Kartoffeln **1.** ________________, schälen und in Scheiben schneiden. Dann die Zwiebel **2.** ________________ und in kleine Stückchen hacken. Essig und Öl, Senf, Salz, Zucker und Pfeffer **3.** ________________, die Zwiebelwürfel und die Fleischbrühe dazugeben und heiß über die Kartoffeln **4.** ________________. Vorsichtig **5.** ________________.

Den Salat eine Stunde stehen lassen – dann schmeckt er besonders gut.

??

Gemütlichkeit

Wenn es draußen kälter wird, ist es Zeit für einen gemütlichen Abend zu Hause. Welche dieser Angaben sind richtig und welche falsch?

	RICHTIG	FALSCH
1. An Winterabenden spielen auch viele Erwachsene: Kartenspiele, aber auch Brettspiele.	☐	☐
2. Fondue und Raclette werden nur in der Schweiz gegessen.	☐	☐
3. Von der „Feuerzangenbowle" wird man schnell betrunken. Starker Rum tropft von einem brennenden Zuckerhut in den Punsch.	☐	☐
4. Gemütlich vor dem Fernseher: Die beliebtesten Sendungen in Deutschland sind Spielshows, Fußballspiele und die Krimiserie „Tatort".	☐	☐

„Die Feuerzangenbowle" ist nicht nur ein Getränk, sondern auch der Name eines alten Films von 1944 mit dem Schauspieler Heinz Rühmann, der auch heute noch sehr beliebt ist.

Stadt-Land-Fluss

Ein beliebtes Spiel, das man immer und überall spielen kann, heißt Stadt-Land-Fluss. Ein Buchstabe wird bestimmt, z. B. M, und dann schreibt jeder so schnell er kann zu jeder Kategorie einen Begriff mit M. Setzen Sie unsere Beispielwörter ein.

A Main B Maler G Isar H Ingenieur M Apfelbaum

C Maus D Montreux I Indien J Igel N Amazonas

E Montenegro K Innsbruck O Argentinien P Affe

F Maiglöckchen L Ingwer Q Arzt R Aachen

	Stadt	Land	Fluss	Beruf	Pflanze	Tier
M	1	2	3	4	5	6
I	7	8	9	10	11	12
A	13	14	15	16	17	18

Hallo Deutschland

S. 8

16 Bundesländer
1A, 2E, 3B, 4C, 5D

Exportmeister
Haribo® (Gummibärchen), Volkswagen® (Autos), Nivea® (Kosmetik, besonders Creme), Porsche® (Autos), adidas® (Sportartikel), Puma® (Sportartikel)

Haribo© und adidas© gehören zu den bekanntesten deutschen Marken. In den Markennamen stecken die Namen der Firmengründer: **Ha**ns **Ri**egel aus **Bo**nn stellte die ersten Gummibärchen her, **Adi Das**sler produzierte Turnschuhe.

S. 9

Geschichte
1D, 2F, 3E, 4C, 5G, 6A, 7B

Groß, größer, am größten
1. Zugspitze, 2. Donau, 3. Berlin, 4. Bodensee, 5. Frankfurt, 6. Trier

S. 10

Eine Reise wert
1C, 2D, 3E, 4A, 5B

Wer hat's erfunden?
1G, 2A, 3B, 4F, 5H, 6C, 7D, 8E

S. 11

Sportlich, sportlich!
1E, 2C, 3D, 4A, 5B

Viermal holte die deutsche Nationalmannschaft den Titel des Fußball-Weltmeisters: 1954, 1974, 1990 und 2014. Miroslav Klose schoss 16 Tore bei Weltmeisterschaften und ist damit bester WM-Torschütze aller Zeiten.

Die Bundesrepublik
1. Kanzlerin, **2.** sechzehn, **3.** Adler, **4.** schwarz, **5.** rot, **6.** Freiheit, **7.** Berlin

Deutschland mit allen Sinnen

S. 12

Guten Appetit!
1B, 2A, 3A, 4B, 5A

Nichts für Vegetarier
Rind, Schwein, Pute, Huhn, Kalb, Ente

S. 13

Hopfen und Malz
1C, 2D, 3B, 4A, 5E

Zum Wohl
Franken, Mittelrhein, Rheinhessen, Rheingau, Mosel, Nahe, Naumburg, Ahr

S. 14

Architektur
1B, 2A, 3E, 4D, 5C

Mit Sang und Klang
1F, 2D, 3E, 4C, 5B, 6A

S. 15

Klischees
1. falsch: Die Deutschen trinken zwar viel Bier, aber noch mehr Kaffee.
2. falsch: Dirndl und Lederhosen sieht man fast nur in Bayern, und auch dort nur an bestimmten Orten und zu bestimmten Zeiten, z.B. auf dem Oktoberfest in München.
3. fast richtig: Etwa 40 Prozent der Männer gaben in einer Umfrage an, ihr Auto mindestens einmal in 14 Tagen zu waschen.
4. richtig: Das trifft nach einer Untersuchung auf fast 80 Prozent der Deutschen zu.

5. falsch: Das Sauerkraut ist nur noch für wenige Deutsche ein Lieblingsessen. Im Durchschnitt essen Deutsche pro Person und Jahr 500 Gramm weniger Sauerkraut als Franzosen.

Das tägliche Brot

1A, 2B, 3A, 4A, 5A

Für Brötchen gibt es auch verschiedene Bezeichnungen, je nach Region: im Südosten (Bayern, Sachsen, Thüringen etc.) und in Österreich sagt man meist **Semmel(n)**, in Baden-Württemberg **Weck(en)** oder **Weckle, Schrippe(n)** in Berlin und Brandenburg und **Rundstücke** im hohen Norden. Die Schweizer nennen sie **Weggli** oder **Brötli**.

Berlin

S. 18

Berliner Fakten

1. richtig

2. richtig: Fahren Sie mal in den 6. Stock des KaDeWe (**Ka**ufhaus **de**s **We**stens), dort finden Sie die legendäre Feinkostabteilung mit vielen Spezialitäten.

3. falsch: Der Flughafen sollte längst eröffnet sein, es wird aber wohl nicht vor 2016 passieren.

4. zum Teil richtig: Das trifft nur auf den Ostteil der Stadt zu.

5. falsch: Die Mauer wurde erst 1961 gebaut.

6. richtig

7. falsch: Die Berlinale gehört zu den wichtigsten **Filmfestivals** der Welt.

8. richtig: Die Kirche besteht aus der Ruine des alten Kirchturms, der als Mahnmal gegen den Krieg stehen blieb und einem neuen Turm, der wie ein Lippenstift aussieht, sowie einem achteckigen Kirchenraum, der wie eine Puderdose aussieht.

Regierung und Opposition

1. A, **2.** B, **3.** B, **4.** A

S. 19

Berlin brennt

1C, 2B, 3E, 4D, 5A

Insel der Entdeckungen

1D, 2C, 3B, 4E, 5A

Die Museumsinsel Berlin gehört seit 1999 zum UNESCO Welterbe. Am beliebtesten ist das Pergamon-Museum, in dem sich nicht nur der berühmte Pergamon-Altar befindet.

S. 20

Linie 100

1D, 2A, 3B, 4C

Das Berliner Ensemble

1. Galilei, 2. Kinder, 3. Mensch

S. 21

Emil und die Detektive

1C, 2A, 3E, 4B, 5D

Berliner Zitate

1C, 2A, 3E, 4B, 5D

Ost und West

S. 22

Vier Sektoren

1B, 2D, 3C, 4A

Rosinenbomber

1D, 2E, 3C, 4F, 5G, 6B, 7H, 8A

Geteiltes Deutschland

1. falsch: nur bis 1964 und ab 1992.

2. richtig

3. falsch: Das R stand für Republik.

4. **falsch:** Es gab verschiedene Parteien, die sich allerdings der SED unterordneten.
5. **richtig:** Die Bundesrepublik Deutschland hat bis heute ein „Grundgesetz", das aber noch nicht von der Bevölkerung durch ein Referendum bestätigt wurde.

Die Mauer
1B, 2A, 3B, 4A

S. 24

Wir sind das Volk
1B, 2D, 3A, 4C

1989 beginnen in der DDR friedliche Demonstrationen von einigen wenigen Menschen, die Montagsdemonstrationen. Es werden aber immer mehr Menschen. Schließlich rufen Hunderttausende „Wir sind das Volk" – ihr Ziel ist eine demokratische Neuordnung des Landes. Es ist der Anfang vom Ende der DDR.

Blühende Landschaften
1B, 2C, 3D, 4E, 5F, 6A

S. 25

Aus Ost oder West?
A: 1, 4, 6;
B: 2, 3, 5

Ost-Deutsch
1. Brathähnchen, **2.** Astronaut, **3.** Sommerhaus, **4.** T-Shirt, **5.** Plastik

Österreich

S. 28

Österreichische Fakten
1B, 2A, 3B, 4C

Vom Kaiserreich zur Republik
1B, 2A, 3F, 4C, 5E, 6D

S. 29

Geografie
1E, 2A, 3D, 4G, 5F, 6H, 7I, 8C, 9B

Berühmte Österreicher
1F, 2C, 3B, 4D, 5A, 6E

S. 30

Kaiserschmarrn
Richtige Reihenfolge: D, C, B, A

„Schmarrn" ist übrigens in Österreich und in Süddeutschland auch ein anderes Wort für Unsinn.

Für alle Süßen
1C, 2A, 3B, 4D

S. 31

Wintersport
1. Skispringer, **2.** Eisbahn, **3.** Piste, **4.** Schlittschuhe, **5.** Snowboard, **6.** Handschuhe, **7.** Skibrille, **8.** Helm, **9.** Lift, **10.** Mütze

Wien, Wien nur du allein …

S. 32

Mit dem Fiaker durch Wien
1D, 2C, 3B, 4A, 5E

In Wien war der Jugendstil eine Zeitlang sehr populär. Bekannte Künstler wie Gustav Klimt, Koloman Moser und Joseph Maria Olbrich schlossen sich zur „Wiener Secession" zusammen. Die Gruppe baute sich 1898 ihr eigenes Gebäude, das bis heute ein wichtiger Ort für Ausstellungen zeitgenössischer Kunst in Wien ist.

Märchen ohne Happy End
1H, 2G, 3A, 4B, 5C, 6D, 7E, 8F

S. 33

Wiener Klassik
1C, 2A, 3B

Der Walzerkönig
1B, 2B, 3A, 4A, 5A

Wien wird in vielen Liedern besungen. Eines der berühmtesten Lieder über Wien ist sicher „Wien du Stadt meiner Träume“ des Komponisten Rudolf Sieczyński. Im Refrain heißt es „Wien, Wien nur du allein sollst die Stadt meiner Träume sein“. Auch der österreichische Schlagersänger Peter Alexander, der in den 60er Jahren durch Musikfilme populär wurde, sang dieses Lied.

S. 34

Das Kaffeehaus
1D, 2E, 3B, 4A, 5C

Wienerisch
1F, 2B, 3A, 4C, 5E, 6D

S. 35

Im Prater
1C, 2A, 3B

Beim Heurigen
1. falsch: Der Heurige ist ein junger Wein (weiß oder rot). **2. richtig; 3. richtig;**
4. falsch: Wien hat ein eigenes Weinbaugebiet. **5. richtig**

Die Schweiz – Eidgenossen

S. 38

Eidgenossen
1. falsch: mit dem Schweizer Franken.
2. falsch: Es steht für *Confoederatio Helvetica*, den Namen der Schweiz auf Lateinisch.
3. richtig; 4. richtig; 5. richtig;
6. falsch: Der Zug schafft aber von Chur (584 m) den Weg bis Ospizio Bernina (2253 m) hinauf und wieder hinunter nach Lugano (270 m)

Die Schweiz wurde als Eidgenossenschaft gegründet, als eine Art demokratischer Bundesstaat. Zunächst acht, später 13 Länder beziehungsweise Stadtstaaten schlossen sich zusammen, um in einem „Europa der Fürstentümer und Monarchien“ ihre Souveränität zu verteidigen.

Hilfe aus der Schweiz
1C, 2D, 3A, 4B

S. 39

Typisch Schweiz
Banken, Schokolade, Taschenmesser, Käse, Uhren, Berge

Wer bin ich?
1D, 2B, 3A, 4C

S. 40

Alles Käse
Richtige Reihenfolge: C, B, A, E, D

Es war einmal in der Schweiz
1A, 2B, 3B

S. 41

Helvetismen
1G, 2H, 3F, 4C, 5A, 6E, 7D, 8B

Bekannte Schweizer
1E, 2D, 3C, 4A, 5B

Das Wandern ist des Müllers Lust …

S. 42

Raus in die Natur!
1A, 2B, 3C, 4A, 5B

Lösungen

Naturschutzgebiete
1: A, B, F **2:** C, D, E

S. 43

Enzian und Edelweiß
2, 5

Wer Enzian, Edelweiß oder Alpenveilchen mit nach Hause nehmen möchte, kann gezüchtete Exemplare beim Gärtner kaufen. Das Alpenveilchen ist eine beliebte Zimmerpflanze geworden.

Auf Wanderschaft
1D, 2C, 3A, 4B

Die Walz war eine Tradition im Mittelalter. Aber auch heute gehen noch einige hundert Gesellen jedes Jahr auf Wanderschaft. Dabei sind sie für zwei bis drei Jahre meist zu Fuß unterwegs und arbeiten nur für Essen und Übernachtung. Sie tragen dabei ihre typische Kleidung, z.B. schwarzer Hut mit großer Krempe. Das Volkslied „Das Wandern ist des Müllers Lust" handelt von der Walz.

S. 44

Unterkunft
1B, 2D, 3C, 4E, 5A

Viele Berghütten bieten ein Matratzenlager an: Hier kann man für wenig Geld übernachten. Luxus kann man hier aber nicht erwarten, mehr als eine Matratze gibt es oft nicht. Einen Schlafsack muss man selbst mitbringen.

Wanderwege
1D, 2E, 3B, 4C, 5A

S. 45

Mülltrennung
1: A, D
2: F, H
3: C, G
4: B, I
5: E

Das Schweizer Messer
1D, 2E, 3C, 4A, 5B

Bayern – weißblauer Himmel

S. 48

Land der Bayern
1D, 2C, 3B, 4A

Die christliche Religion ist in Bayern tief verwurzelt und prägt das Bild dieses Bundeslandes. Das zeigen die zahlreichen Kirchen, Klöster und Wallfahrtsorte. Die bayerische Hymne beginnt mit „Gott mit dir, du Land der Bayern!". Die Schutzpatronin ist die Gottesmutter Maria, lateinisch „Patrona Bavariae", kurz: Bavaria, genannt.

München
1D, 2C, 3F, 4E, 5A, 6B

S. 49

Ein Prosit der Gemütlichkeit
1C, 2A, 3A und B (A ist heutzutage nicht immer möglich. Fragen Sie, bevor Sie Ihr Essen auspacken!), 4B

Die Musikkapelle auf bayerischen Bierfesten spielt zwischen ihren Liedern oft ein kurzes Stück, bei dem alle mitsingen: „Ein Prosit, ein Prosit der Gemütlichkeit!". Was man dann macht? Natürlich mit den Gläsern anstoßen und auf das gemütliche Fest trinken!

Bayerische Klänge
1E, 2C, 3A, 4D, 5B

In der bayerischen Volksmusik spielen Saiteninstrumente, die gezupft werden (Zither, Harfe, Gitarre), Jodler und natürlich Blasmusik eine wichtige Rolle.

S. 50

Märchenkönig
1. falsch
2. richtig
3. richtig
4. falsch: Er baute zwar viele Schlösser, das Geld war aber ein Problem.
5. richtig: Es ist aber bis heute nicht klar, ob es Selbstmord, ein Unfall oder Mord war.

Wer bin ich?
1C, 2D, 3A, 4E, 5B

S. 51

Hoast mi?
1E, 2D, 3B, 4C, 5A

Wolpertinger
1G, 2E, 3B, 4D, 5A, 6C, 7F

Im Ländle

S. 52

Wir können alles ...
1F, 2E, 3B, 4C, 5A, 6D

„Das Ländle" ist umgangssprachlich oft im Spaß die Bezeichnung für Baden-Württemberg.

Wissen ist Macht
1D, 2C, 3B, 4A

Kennen Sie die Geschichte vom gelehrten Doktor Faust? Der schließt einen Vertrag mit dem Teufel, um Wissen und Macht zu bekommen – und kommt am Ende in die Hölle. Goethe hat den Faust berühmt gemacht. Der echte Faust hieß Georg Johann Faust und kam aus Knittlingen in Baden-Württemberg.

S. 53

Schwarzwald
5

Die Schwarzwälder Kirschtorte gibt es nicht nur im Schwarzwald. Sie ist die bekannteste und wahrscheinlich beliebteste Sahnetorte Deutschlands. Wichtige Zutat ist „Kirschwasser", ein starker Schnaps aus dem Schwarzwald.

Ich geb Gas ...
Stau, Autobahn, Unfall, Raststätte, Tankstelle

S. 54

Das schwäbische Meer
1. falsch: Der Rheinfall liegt in der Schweiz, er ist der größte Wasserfall Europas.
2. richtig; 3. richtig;
4. falsch: Es ist der Rhein.
5. falsch: Es führt eine Brücke zur Insel.

Mir schwätzet Schwäbisch
1C, 2D, 3B, 4E, 5A

Es stimmt nicht ganz, dass man nur an jedes hochdeutsche Wort „-le" anhängen muss, damit es schwäbisch wird. Trotzdem: Das -le ist typisch für den schwäbischen Dialekt, ebenso wie das -sch, das man im Schwäbischen oft für st und sp im Hochdeutschen ausspricht, also: Samschtag (statt: Samstag), muscht (statt musst).

Lösungen

S. 55

Typisch Schwäbisch
1B, 2D, 3A, 4C

Herrgottsbscheißerle
1B, 2C, 3D, 4A

In der Fastenzeit war es früher verboten, Fleisch zu essen. Angeblich wurden die Maultaschen von Mönchen des Klosters Maulbronn (daher auch der Name Maul-Tasche) erfunden, um in der Fastenzeit das Fleisch vor Gott zu verstecken. Man nennt sie daher auch auf Schwäbisch „Herrgottsbscheißerle" (= den lieben Gott betrügen).

An Rhein, Main und Saar

S. 58

Romantischer Rhein
1B, 2A, 3D, 4C

Saarland
1. Bundesland, **2.** Frankreich, **3.** Bergbau, **4.** Saarbrücken, **5.** Römer

S. 59

Mainz bleibt Mainz ...
1B, 2A, 3B, 4A

„Mainz bleibt Mainz wie es singt und lacht"® ist der Name einer Faschings-Gala, die seit 1955 jedes Jahr im Fernsehen gesendet wird. Weit über fünf Millionen Zuschauer sehen sich die fast vierstündige Show an.

Prost an Rhein, Main und Mosel
1B, 2D, 3A, 4C

S. 60

Das zweite Rom
1C, 2E, 3A, 4B, 5D

Reformen
1C, 2A, 3D, 4B

S. 61

Es war einmal ...
1C, 2B, 3A, 4E, 5D

Aus Grimms Märchenbuch
Hexe, Fee, Frosch, Teufel, Zwerg, Riese, Wolf

Feste und Feiertage

S. 62

Es weihnachtet sehr
1C, 2E, 3A, 4B, 5D

Im Advent gibt es in jeder Stadt einen Weihnachtsmarkt. Dort kann man viele schöne Dinge kaufen: Schmuck für den Weihnachtsbaum, geschnitzte Holzfiguren und vieles mehr. Wenn es dunkel wird, sind die Weihnachtsmärkte stimmungsvoll erleuchtet. Oft gibt es Musik, und die Leute treffen sich, um einen Glühwein (heißer Wein mit Gewürzen) zu trinken.

Feste feiern, wie sie fallen
1B, 2C, 3D, 4A

S. 63

Der Mai ist gekommen
1E, 2D, 3A, 4C, 5B

„Der Mai ist gekommen, die Bäume schlagen aus", so lautet die erste Zeile eines bekannten Frühlings- und Wanderliedes.

Volksfeste
1B, 2E, 3A, 4C, 5D

S. 64

Gesetzliche Feiertage
1. richtig; **2.** falsch; **3.** falsch; **4.** richtig;
5. richtig; **6.** richtig; **7.** richtig; **8.** falsch

Glücksbringer
Die schwarze Katze.
Manche Leute glauben, dass eine schwarze Katze oder die Zahl 13 Unglück bringen. Am schlimmsten ist es, wenn der 13. eines Monats auf einen Freitag fällt.

„Herzlichen Glückwunsch!" „Alles Gute!" So gratuliert man auf Deutsch zu vielen Anlässen, zum Baby, zur Hochzeit und natürlich zum Geburtstag. Zum neuen Job oder vor der Prüfung wünscht man „Viel Erfolg!" oder „Hals- und Beinbruch!".

S. 65

St. Nimmerleinstag
1, 5 und 6 sind Feiertage. Halloween ist in Deutschland kein Feiertag. Erst in den letzten Jahren wird das Fest vor allem bei Kindern beliebter.

Der St. Nimmerleinstag (St. ist die Abkürzung für Sankt, also Heilig) ist ein Feiertag, den es nicht gibt. Wenn etwas umgangssprachlich am „St. Nimmerleinstag" passiert, dann passiert es nie.

Die fünfte Jahreszeit
1. richtig: Allerdings sind die Höhepunkte des Faschings erst später.
2. falsch: Die Umzüge finden am sogenannten Rosenmontag statt. Am Aschermittwoch „ist alles vorbei" – das ist der erste Tag der Fastenzeit.
3. falsch: Im Rheinland ruft man meist „Alaaf" aber in Düsseldorf und Mainz dagegen „Hellau".
4. richtig
5. falsch: Die Frauen dürfen den Männern aber die Krawatten abschneiden.
6. richtig

Von der Kohle zur Kultur

S. 68

Nordrhein-Westfalen
1B, 2A, 3D, 4E, 5C

Ruhrpott
Essen, Dortmund, Duisburg, Bochum, Gelsenkirchen, Bottrop, Mühlheim an der Ruhr, Oberhausen

S. 69

„Mer losse de Dom in Kölle"
1. Kaiserin, **2.** Dom, **3.** Gebäude, **4.** Museen, **5.** Million

Der Titel „Mer losse de Dom in Kölle" von der bekannten Band „De Bläck Fööss" bedeutet auf Hochdeutsch „Wir lassen den Dom in Köln". Das klingt wie die Redewendung „Die Kirche im Dorf lassen", das heißt „eine Sache nicht übertreiben". 1973 sollte das Kölner Severinsviertel saniert werden. Was heute eine Karnevalshymne ist, entstand damals als Protestsong, weil die Bewohner Angst hatten, dass sie danach die Mieten nicht mehr bezahlen können.

99 Luftballons
1B, 2A, 3B, 4C

S. 70

Einmal Pommes Schranke, bitte!
1B, 2A, 3B, 4A

Wo der Neandertaler herkommt
1. richtig
2. falsch: Der erste Bundeskanzler hieß Konrad Adenauer.
3. falsch: Claudia Schiffer ist ein berühmtes Model, die Choreographin hieß Pina Bausch.

Lösungen

4. falsch: Ralf Schumacher war zwar auch Rennfahrer, aber Formel 1-Weltmeister war Michael Schumacher, Ralfs Bruder.
5. richtig

1

LÖSUNGEN

S. 71

Fußballvereine
1C, 2A, 3D, 4B

Neben Borussia Dortmund gibt es auch noch Borussia Mönchengladbach. Der volle Name des Vereins ist **B**allspiel**v**erein **B**orussia 09 e.V. Dortmund. Deswegen wird er auch BVB genannt. Der BVB war achtmal deutscher Meister, sechsmal Vizemeister.

Fußball
1. Mannschaft, **2.** gelb, **3.** rot, **4.** Halbzeit, **5.** Anpfiff, **6.** Torwart, **7.** neunzig

Das Glück der Erde ...

S. 72

Niedersachsen
1. falsch: Es ist nach der Fläche das zweitgrößte Bundesland und das viertgrößte Land nach der Zahl der Einwohner.
2. richtig
3. richtig
4. falsch: Ostfriesland ist berühmt für seine Pferde.
5. richtig

Die Lüneburger Heide
1C, 2B, 3D, 4A, 5F, 6E

S. 73

Erfindungen
1D, 2A, 3B, 4C

Autoteile
1B, 2C, 3A, 4D

S. 74

Faustdick hinter den Ohren
1B, 2C, 3A

Eulenspiegel, Baron Münchhausen und Max und Moritz hatten es „faustdick hinter den Ohren". Dieser Ausdruck bedeutet, dass jemand zwar nett und harmlos aussieht, aber in Wirklichkeit sehr clever und listig ist oder auch viel Unsinn macht.

Der Rattenfänger von Hameln
E, A, D, B, C

Dreimal täglich kann man die Sage vom Rattenfänger in Hameln sehen: Am „Hochzeitshaus" in Hameln spielen Figuren und ein Glockenspiel mehrmals am Tag die alte Geschichte.

S. 75

An der Nordseeküste
1. falsch: Beide Inselgruppen liegen in der Nordsee. Die Ostfriesischen Inseln liegen vor der Küste Niedersachsens, die Nordfriesischen Inseln liegen vor der Westküste Schleswig-Holsteins.
2. falsch: Man nennt die Sprache auch „platt".
3. richtig
4. richtig
5. richtig
6. falsch: Die Gegend ist bereits seit der Steinzeit bewohnt.

Den Ostfriesentee macht man so: In die Tasse kommt zuerst ein Stück Kandiszucker, ein „Kluntje". Darauf gießt man den Tee. Als letztes kommt ein „Wölkchen" Sahne hinein. Nicht umrühren! Man trinkt den Tee von oben nach unten, von bitter nach süß. Wer genug hat, stellt den Löffel in die Tasse – das heißt: „Bitte nicht mehr nachschenken!"

Typisch Ostfriesland
1D, 2C, 3E, 4B, 5A

Hamburg und Bremen

S. 78

Die Geschichte der Hanse
1A, 2B, 3C, 4A, 5B

Pfeffersäcke
1D, 2A, 3C, 4B

S. 79

Sehenswerte Stadtstaaten
1B, 2E, 3D, 4C, 5A

Kennen Sie die besondere Verbindung der englischen Band Beatles mit Hamburg? Im Hamburger Star-Club begann der Beatles-Kult: Noch bevor die Gruppe aus Liverpool ihre erste Platte veröffentlicht hatte, begeisterte sie hier das Publikum.

Kinder Hamburgs
1B, 2A, 3D, 4C

S. 80

Bremer Stadtmusikanten
1B, 2C, 3D, 4A

Gutes Benehmen
1A, 2A, 3B

S. 81

Hamburger Presse
1D, 2C, 3A, 4B

Sonntag, 20.15 Uhr
1D, 2C, 3E, 4B, 5A

Der Tatort ist eine Fernsehkrimiserie, die es schon seit 1970 gibt. Es gibt derzeit Ermittlerteams aus 22 Orten in Deutschland, Österreich und der Schweiz.
Auch Bremen und Hamburg haben jeweils ihren eigenen „Tatort". Diese Tatorte kann man dann sonntags um 20h15 in den Fernsehsendern ARD (D), ORF (A) und SRF (CH) sehen.
Täglich um 20 Uhr, (also auch vor dem Tatort) sehen Millionen Deutsche die Nachrichten der „Tagesschau", die aus Hamburg gesendet wird.

Hoch im Norden

S. 82

Rund um den Nord-Ostsee-Kanal
Lösungswort: Kiel

Seemannsgarn
1. **richtig.** Das war die größte Explosion, die Menschen ohne Atombombe jemals auslösen konnten. Danach war die Insel jahrelang unbewohnt.
2. **richtig.** Es gibt aber Ausnahmen für die Polizei, den Krankenwagen und ein Taxi.
3. **falsch**
4. **richtig.** Die kleinen Boote heißen Boerteboote.

Wenn ein Seemann um die Welt fuhr, hatte er was zu erzählen. Doch nicht alles war wahr: Erfundene Abenteuer-Geschichten nennt man Seemannsgarn.

S. 83

Die Buddenbrooks
Lösungswort: Roman

Typisch Norden
1B, 2D, 3A, 4C

S. 84

Mehr als Meer
1C, 2D, 3A, 4B

Im Meer
1 Fische: B, C, E, G
2 Inseln: A, D, F, H, I

S. 85

Starker Kaffee
Richtige Reihenfolge: B, A, D, C

Wi snackt platt
1G, 2F, 3E, 4C, 5D, 6B, 7A

2000 Seen und ein Meer

S. 88

Mecklenburg-Vorpommern
1C, 2A, 3B, 4D

Strandgut
Das können Sie am Strand finden:
Bernstein, Muschel, Krebs, Wattwurm,
leider manchmal auch: **Müll**
Das wahrscheinlich nicht: **Schatz**

S. 89

Babelsberg
1A, 2B, 3A

Sanssouci
1F (auf Französisch heißt ‚sans souci' *ohne Sorge*), 2B, 3A, 4E, 5D, 6C

S. 90

Glocken vom Meeresgrund
1D, 2C, 3B, 4A

Der Spreewald
1. **falsch:** Ein Teil des Spreewaldes ist Biosphärenreservat, dort sind Motorboote verboten. Man kann aber ein Kanu oder Paddelboot mieten oder eine Tour mit einem Kahn machen.
2. **richtig:** Da Motorboote verboten sind, ist der Postbote mit einem Kahn unterwegs. Hier kann man auch Briefmarken kaufen.
3. **richtig**
4. **falsch:** Die Ortsschilder sind tatsächlich zweisprachig – die zweite Sprache ist aber kein Dialekt, sondern Sorbisch, die Sprache der slawischen Minderheit, die im Spreewald wohnt.

S. 91

Im Meer
Delfin, Fisch, Krabbe, Krebs, Muschel, Robbe, Schildkröte, Seehund, Seestern, Wal

Heinrich von Kleist
C

„Der zerbrochene Krug" ist Kleists bekanntestes Werk. Es ist eine Komödie, in der ein Richter über etwas urteilen muss, das er selbst getan hat. Noch berühmter als das Theaterstück ist sein erster Regisseur: Johann Wolfgang von Goethe inszenierte das Stück zum ersten Mal 1808 in Weimar.

Thüringen – das grüne Herz Deutschlands

S. 92

Die Wartburg
1D, 2A, 3C, 4B

Der Königsweg
1D, 2C, 3A, 4B

Die Via Regia, der „Königsweg", ist der Name der ältesten und längsten Straße zwischen Ost- und Westeuropa. Sie existiert seit mehr als 2.000 Jahren und verbindet mit 4.500 km Länge 8 europäische Länder und führt auch quer durch Thüringen.

S. 93

Die Goethe- und Schiller-Stadt
1. richtig
2. richtig
3. falsch: Er war Finanzminister.
4. falsch: Man kann Goethes Wohnhaus heute noch in Weimar besichtigen.
5. richtig

Dramen und Tragödien
1. A, B, D
2. C, E, F

S. 94

Es geht um die Wurst
1B (Das Rezept stammt aus dem Jahr 1613 und liegt im Staatsarchiv in Weimar.)
2B, 3A

Barbarossa
1D, 2A, 3C, 4F, 5B, 6E

„Jetzt geht es um die Wurst!": Das heißt, es geht jetzt um Sieg und Niederlage. Und natürlich ist es dann, wenn es um die Wurst geht, besonders spannend. Wer das überhaupt nicht interessant findet, sagt dagegen: „Das ist mir wurst!". Das bedeutet: Es ist mir egal, es interessiert mich nicht.

S. 95

Neues aus Thüringen
1C, 2B, 3A

Gartenzwerge
1D, 2B, 3E, 4A, 5C

Vom Harz zum Erzgebirge

S. 98

Landschaften
1D, 2A, 3C, 4B

Bedeutende Städte
1E, 2D, 3F, 4A, 5B, 6C

S. 99

Leipzig und Dresden
1: B, C, H, G
2: A, D, E, F

Der Osten Deutschlands hat in vielen Orten mit sinkenden Bevölkerungszahlen zu kämpfen: Es gibt wenig Arbeit, deshalb ziehen junge Leute weg.
Dresden und Leipzig sind von diesem Trend nicht mehr betroffen. In Leipzig wächst die Bevölkerung in letzter Zeit sogar rasant an, weshalb es auch „Hypezig" genannt wird.

Go, Trabi, Go
1. richtig
2. falsch: Audi ist Lateinisch.
3. richtig
4. richtig
5. falsch: Der Film entstand erst nach der Wende.

Lösungen

S. 100

Der Brocken
1C, 2G, 3A, 4E, 5B, 6D, 7F

Die Sorben
1A, 2B, 3A, 4B

S. 101

Weihnachtliche Schnitzkunst
1B, 2A, 3D, 4C

Das Bauhaus
2, 3, 4, 6

Steckenpferde: Freizeit und Hobby

S. 102

Sport
A, C, D, E, B
Fußball ist der beliebteste Sport, wenn man nur nach den Zuschauerzahlen geht. Aber laut Umfragen ist Fahrradfahren der Sport, der von den meisten Deutschen ausgeübt wird. Es schauen sehr viele Leute Fußball, aber viel weniger spielen selbst.

Ein Steckenpferd ist eigentlich ein Spielzeug für kleine Kinder: Ein Holzstab (ein „Stecken") mit einem Pferdekopf darauf. Das Wort steht aber auch für Hobby oder Freizeitbeschäftigung: „Ich sammle Briefmarken. Das ist mein Steckenpferd."

Vereinsmeier e.V.
1D, 2F, 3B, 4E, 5C, 6A

S. 103

Festivals
1B, 2A, 3D, 4C

An der Kinokasse
1E, 2C, 3A, 4B, 5D

S. 104

Grillparty im Schrebergarten
1. Würstchen (kein Gemüse)
2. Gartenzwerg (kein Getränk)
3. Liegestuhl (kein Essen)
4. Ball (sollte nicht auf den Grill)

Rezept für Kartoffelsalat
1B, 2C, 3A, 4E, 5D

S. 105

Gemütlichkeit
1. richtig: Karten und Brettspiele sind nicht nur Kinderspiele. Einige sind sogar taktisch sehr schwierig, so dass sie für Kinder gar nicht geeignet sind.
2. falsch: Im Winter sind Fondue und Raclette im ganzen deutschsprachigen Raum beliebt, vor allem an Silvester.
3. richtig: Ein Teil des Alkohols verbrennt zwar, es gelangt aber immer noch genug in den Punsch.
4. richtig

Stadt-Land-Fluss
Buchstabe M: 1D, 2E, 3A, 4B, 5F, 6C;
Buchstabe I: 7K, 8I, 9G, 10H, 11L, 12J;
Buchstabe A: 13R, 14O, 15N, 16Q, 17M, 18P

A

der	**Aal**	*the eel*
das	**Abenteuer**	*the adventure*
der	**Abfall**	*the waste, rubbish*
	abgesperrt	*locked*
	abonnieren	*to subscribe to something*
	absägen	*to saw off*
die	**Absicht**	*the intention*
die	**Abstimmung**	*the poll*
	abwechslungsreich	*varied, diverse*
	abwerfen	*to drop*
	achteckig	*octagonal*
	adelige	*aristocratic*
das	**Adelsgeschlecht**	*the dynasty*
der	**Ahorn**	*the maple*
	alemannisch	*Alemannic*
die	**Alliierten (Pl.)**	*the Allied Forces*
	alltäglich	*everyday*
die	**Altstadt**	*the Old Town*
	anbauen	*to grow something*
sich	**ändern**	*to change*
	angeblich	*allegedly*
	anhängen	*to attach*
die	**Anlage**	*the complex*
der	**Anlass**	*the cause, occasion*
	anlegen	*to lay out, create, establish*
	anmelden	*to register*
	anstoßen	*to toast, bump glasses*
	anzeigen	*to display*
der	**Arbeitgeber**	*the employer*
der	**arbeitsfreie Tag**	*the holiday*
	arm	*poor*
die	**Armee**	*army*
	aufbewahren	*to keep, to store*
der	**Aufenthalt**	*stay*
	auffällig	*striking*
	aufnehmen	*to take up*
	aufrecht	*upright, upstanding*
	aufteilen	*to divide*
	auftreten	*to occur*
der	**Ausblick**	*the view*
	ausprobieren	*to try*
	ausrufen	*to cry out*
die	**Außenpolitik**	*the foreign policy*
	außerhalb	*outside (of)*
die	**Aussichtsplattform**	*observation platform*
	austricksen	*to trick someone*
	auswandern	*to emigrate*
	autofrei	*without car*

B

der	**Badeort**	*the bathing resort*
der	**Ball**	*the ball, dance*
das	**Ballkleid**	*the ball gown*
der	**Baron**	*the baron*
	bauen	*to build*
der	**Bauherr**	*the builder*
der	**Baumstamm**	*the tree trunk*
das	**Bauteil**	*the construction part*
das	**Bauwerk**	*the building*
	bebaut	*covered with buildings*
	bedecken	*to cover*
	bedeutend	*significant*
die	**Bedeutung**	*the meaning*
die	**Bedienung**	*the waiter*
sich	**beeilen**	*to hurry up*
	beeindrucken	*to impress*
der	**Befehl**	*the order*
	begehrt	*desirable*
der	**Begriff**	*the term*
der	**Begründer**	*the founder*
die	**Bekleidung**	*the clothing*
	beliebt	*popular*
die	**Belohnung**	*the reward*
das	**Benehmen**	*the behaviour*
	benennen	*to name, to define*
	benutzt	*used*
	beobachten	*to observe*
der	**Bergbau**	*the mining industry*
die	**Berglandschaft**	*the mountain scenery*
der	**Bergsteiger**	*the mountaineer*
	berühmt	*famous*
	besonders	*especially*
	bestimmt	*certain(ly)*
der	**Bestimmungsort**	*the (place of) destination*
	betrunken	*drunk*
	beweglich	*mobile, movable*
sich	**bewerben**	*to apply*
der	**Bewohner**	*the inhabitant*
	bewundern	*to admire*
	bezeichnen	*to term*
die	**Beziehung**	*the relationship*
die	**Birke**	*the beech*
das	**Blasinstrument**	*the wind instrument*
der	**Blauschimmelkäse**	*the blue cheese*
das	**Blech**	*the sheet metal*
der	**Blinker**	*the indicator light*
die	**Blockade**	*the blockade*
	blühend	*flowering*
der	**Blumenkohl**	*the cauliflower*
die	**Blütezeit**	*the days of glory*
die	**Bombe**	*the bomb*
der	**Bomber**	*the bomber*
das	**Boot**	*the boat*
die	**Börse**	*the stock market*
der	**Boxhandschuh**	*the boxing glove*
die	**Bratwurst**	*the grilled sausage*
der	**Breitengrad**	*the latitude*
	brennen	*to burn*
das	**Brettspiel**	*the board game*
die	**Breze(l)**	*the pretzel*
das	**Brötchen**	*the bread roll*
die	**Brotzeit**	*the cold meal*
die	**Brücke**	*the bridge*

Wortverzeichnis

der	**Buchdruck**	the	*letterpress printing*
der	**Bund**	the	*union*
das	**Bundesland**	the	*Federal State*
das	**Bündnis**	the	*union*
der	**Bürger**	the	*citizen*
die	**Büste**	the	*bust*

C

der	**Campingplatz**	the	*camping ground*
der	**Chemiker**	the	*chemist*
die	**Chipstüte**	the	*crisp/chips packet*
der	**Chor**	the	*choir*
das	**Containerschiff**	the	*container ship*

D

	damalig		*then (at that time)*
	dauern	to	*last*
die	**Debatte**	the	*discussion, debate*
die	**Debütantin**	the	*debutante*
das	**Denkmal**	the	*memorial, monument*
	deshalb		*therefore*
der	**Detektiv**	the	*private detective*
der	**Dichter**	the	*poet*
die	**Diktatur**	the	*dictatorship*
das	**Ding**	the	*thing, item*
die	**Diskothek**	the	*club, disco*
die	**Disziplin (Sport)**	the	*discipline, event*
der	**Dom**	the	*cathedral*
der	**Dorsch**	the	*cod*
der	**Dramatiker**	the	*playwright*
sich	**drängen**	to	*crowd*
	draußen		*outside (of)*
	drehen (einen Film)	to	*shoot (a movie)*
das	**Dreieck**	the	*triangle*
der	**Dreißigjährige Krieg**	the	*Thirty Years' War*
	drin		*included, inside*
das	**Dritte Reich**	the	*Third Reich*
der	**Druck**	the	*pressure, printing*
	dunkel		*dark*
das	**Dutzend**	the	*dozen*

E

die	**Ebbe**	the	*tide*
	ebenfalls		*as well*
	echt		*real, true, genuine*
	egal sein	not to	*matter*
	ehemalig		*former*
der	**Eidgenosse**		*Swiss*
die	**Eierlikörtorte**	the	*egg flip cake*
	eifersüchtig		*jealous*
	eifrig		*keen*
	einführen	to	*introduce*
	eingestellt werden	to	*be discontinued*
	eingetragen		*registered*
die	**Einigkeit**	the	*unity*
	einlösen	to	*redeem*
	einpacken	to	*wrap*
	einreißen	to	*tear down*
	einschalten	to	*switch on*
der	**Eintritt**	the	*entrance*
	einweihen	to	*inaugurate*
der	**Einwohner**	the	*inhabitant*
der	**Einzelfahrschein**	the	*single ticket*
	einzigartig		*singular*
der	**Eiskunstlauf**		*figure skating*
	empfehlen	to	*recommend*
die	**Ente**	the	*duck*
	enthalten	to	*contain*
sich	**entspannen**	to	*relax*
	entsprechend		*corresponding*
	entstehen	to	*develop*
	entweder		*either*
(sich)	**entwickeln**	to	*develop*
	erbauen	to	*build*
das	**Ereignis**	the	*event*
	erfinden	to	*invent*
die	**Erfindung**	the	*invention*
	erfolgreich		*successful*
das	**Ergebnis**	the	*result*
	erhalten	to	*conserve*
das	**Erholungsgebiet**	the	*recreational area*
	erkennen	to	*recognize*
	erkunden	to	*reconnoitre, explore*
	erlauben	to	*allow*
	erleben	to	*experience*
	erleuchten	to	*enlighten*
der	**Ermittler**	the	*investigator*
	ermordet werden	to be	*murdered*
die	**Erntezeit**	the	*harvest*
	erobern	to	*conquer*
	errichten	to	*build*
	erscheinen	to	*appear*
	erschießen	to	*shoot (to death)*
	erstmals		*for the first time*
	ertrinken	to	*drown*
der	**Erwachsene**	the	*adult*
	erwischt werden	to be	*caught*
	erzeugen	to	*produce*
die	**Erzherzogin**	the	*archduchess*
der	**Essig**	the	*vinegar*
	expressionistisch	the	*expressionist*
	exzellent		*excellent*

F

die	**Fabrik**	the	*factory*
das	**Fachwerkhaus**	the	*half-timbered house*
der	**Fahrradweg**	the	*bicycle path*
der	**Fahrschein**	the	*ticket*
das	**Fahrzeug**	the	*vehicle*
die	**Fakten (Pl.)**	the	*facts*
der	**Fall (der Mauer)**	the	*downfall, fall (of the Berlin Wall)*
	fangen	to	*catch*
der	**Fasching**	the	*carnival season*

die	**Fassade**	*the front*
die	**Fastenzeit**	*the Lent, period of fasting*
	fehlend	*missing*
	feierlich	*festive, ceremoniously*
der	**Feiertag**	*the holiday*
	fein	*fine, refined*
die	**Feinkostabteilung**	*the deli counter*
das	**Feld**	*the field*
der	**Feldsalat**	*the lamb's lettuce*
der	**Fels**	*the rock*
der	**Fernsehsender**	*the TV station*
	fertig	*ready, finished*
	feuerfest	*fire proof*
das	**Feuerwerk**	*the fireworks*
der	**Fiaker**	*the hackney carriage*
die	**Figur**	*the figurine, statue*
das	**Filmstudio**	*the film studio*
der	**Fischmarkt**	*the fish market*
	flach	*plane*
die	**Fläche**	*the area*
die	**Flagge**	*the flag*
die	**Fleischbrühe**	*the broth*
die	**Fleischsorte**	*the variety of meat*
	fleißig	*hard-working*
	fliehen	*to flee*
	fließen	*to flow*
der	**Flohmarkt**	*the flea market*
die	**Flöte**	*the flute*
der	**Flügel**	*the wing*
der	**Flughafen**	*the airport*
der	**Fluss**	*the river*
das	**Flussufer**	*the river bank*
die	**Flut**	*the flood*
der	**Forscher**	*the explorer*
	frech	*cheeky*
der	**freie Eintritt**	*the free entry*
die	**Freiheit**	*the freedom*
	freiwillig	*voluntary*
der	**Frischkäse**	*the cream cheese*
	frittieren	*to deep-fry*
	fröhlich	*happy, cheerful*
	früher	*once*
	füllen	*to fill*
die	**Füllung**	*the stuffing*
der	**Fund**	*the discovery*
das	**Fußballspiel**	*the football match*
	ganz	*whole, complete*

G

der	**Gartenzwerg**	*the garden gnome*
	Gas geben	*to accelerate*
die	**Gasse**	*the alley*
das	**Gasthaus**	*the inn*
das	**Gebäck**	*the pastries*
das	**Gebet**	*the prayer*
	gefaltet	*folded*
das	**Geheimnis**	*the secret*
	geheimnisvoll	*mysterious*
	gehören	*to belong*
der	**Gehsteig**	*the pavement*
der	**Geldautomat**	*the cash dispenser*
die	**Geldstrafe**	*the fine*
	gelehrt	*scholarly, educated*
das	**Gemälde**	*the painting*
etwas	**gemeinsam haben**	*to share (a trait)*
der	**Gemeinschaftsraum**	*the common room*
das	**Gemüse**	*the vegetables*
die	**Gemütlichkeit**	*the cosiness*
	genau	*exact*
	genießen	*to enjoy*
	gepflastert	*paved, cobbled*
das	**Gerät**	*the device*
	gerissen	*wily, sly*
das	**Gesamtkunstwerk**	*the integrated work of art*
der	**Gesang**	*the singing, canto*
	geschimpft	*scolded*
	geschmackvoll	*tasteful*
	geschmückt	*decorated*
	geschützt sein	*to be protected*
	gesellschaftlich	*social*
	gesetzlich	*statutory*
	gesprungen	*burst, broken*
	gestrichen	*painted*
	gewaltig	*huge*
das	**Geweih**	*the antlers*
	gewinnen	*to win*
das	**Gewitter**	*the thunderstorm*
das	**Gewürz**	*the spice*
die	**Gewürzgurke**	*the pickled gherkin, pickle*
	gezeichnet	*drawn*
die	**Gezeiten**	*the tides*
	gießen	*to water*
der	**Gipfel**	*the mountain top*
	gläsern	*made from glass*
	gleichnamig	*of the same name*
das	**Gleis**	*the track*
das	**Gleitflugzeug**	*the glider*
die	**Glocke**	*the bell*
	Glück haben	*to be lucky*
der	**Glücksbringer**	*the lucky charm*
der	**Glühwein**	*the mulled wine*
das	**Grab**	*the grave*
der	**Graf**	*the count*
	gratulieren	*to congratulate*
die	**Grenze**	*the border*
der	**Grenzübergang**	*the checkpoint*
das	**Grillen**	*the barbecue*
	grob	*coarse, rue*
der	**Großfürst**	*the Prince, count*
der	**Grund**	*the reason*
	gründen	*to found*
der	**Grundsatz**	*the principle*
das	**Gruseln**	*the creeps*
der	**Gruß**	*the greeting*

H

der	**Hafen**	*the harbour, port*
die	**Hafenrundfahrt**	*the harbour cruise*
die	**Hälfte**	*the half*
	haltbar	*durable*
der	**Handel**	*the trade, bargain*
	handeln	*to act*
der	**Handkuss**	*the kiss on the hand*
der	**Händler**	*the merchant*
	Handschellen (Pl.)	*the handcuffs*
der	**Handwerker**	*the craftsman*
der	**Hartkäse**	*a hard variety of cheese*
der	**Hase**	*the rabbit*
die	**Hauptfigur (-person)**	*the protagonist*
das	**Haushaltsgerät**	*the household appliance*
die	**Haut**	*the skin*
die	**Heide**	*the heath*
	heilen	*to heal*
	heilig	*holy*
die	**Heimat**	*the home country*
die	**Heimatstadt**	*the home town*
der	**Held**	*the hero*
	herausfinden	*to find out*
der	**Hering**	*the herring*
	herrlich	*marvellous*
	herrschen	*to reign*
der	**Herrscher**	*the ruler, sovereign*
etwas	**herstellen**	*to manufacture, produce*
der	**Herzog**	*the duke*
die	**Hexe**	*the witch*
der	**Hexensabbat**	*the witches' sabbath*
der	**Himmel**	*the heaven, the sky*
	himmlisch	*heavenly*
	hinterher	*afterwards*
der	**Hirsch**	*the stag*
	Hochdeutsch	*standard German*
der	**Höhenmeter**	*the altitude*
der	**Höhepunkt**	*the highlight, prime*
die	**Hölle**	*the hell*
das	**Holz**	*the wood*
die	**Holzfigur**	*the wooden statue*
der	**Hopfen**	*the hops*
der	**Hügel**	*the hill*
das	**Huhn**	*the chicken*
die	**Hymne**	*the anthem*

I

	idyllisch	*idyllic*
der	**Igel**	*the hedgehog*
der	**Imker**	*the bee keeper*
	imposant	*imposing*
der	**Indianerhäuptling**	*the Indian Chief*
die	**innerdeutsche Grenze**	*the (former) border*
	irgendetwas	*anything*

J

die	**Jagd**	*the hunt*
das	**Jahrhundert**	*the century*
	jährlich	*annual*
	jeweils	*each*
das	**Jodeln**	*the yodeling*
die	**Johannisbeere**	*the currants*
der	**Jugendstil**	*Jugendstil, art nouveau*
die	**Jungsteinzeit**	*the Neolithic age*

K

der	**Kabarettist**	*the satirical comedian*
der	**Kabeljau**	*the cod*
der	**Kaffeefilter**	*the filter paper (for coffee)*
das	**Kaffeehaus**	*the coffee house, special type of café*
der	**Kaiser**	*the emperor*
der	**Kaiserhof**	*the emperor's court*
das	**Kaiserreich**	*the empire*
die	**Kakaoplantage**	*the cacao plantation*
das	**Kalb**	*the calf*
das	**Kalbfleisch**	*the veal*
	kämpfen	*to fight*
	Kandiszucker	*the rock candy*
die	**Kanonenkugel**	*the cannonball*
das	**Kanu**	*the canoe*
der	**Kanzler**	*the Chancellor*
das	**Kapitel**	*the chapter*
der	**Karfreitag**	*Good Friday*
der	**Karneval**	*the carnival*
die	**Karosserie**	*the car body*
das	**Kartenspiel**	*the card game*
das	**Kartoffelpüree**	*the mashed potatoes*
das	**Kaufhaus**	*the department store*
der	**Kaufmann**	*the merchant*
der	**Kaugummi**	*the chewing gum*
die	**Kerze**	*the candle*
der	**Kinderbuchklassiker**	*the classic children's book*
der	**Kindergarten**	*the nursery school*
das	**Kirchenlied**	*the hymn*
der	**Kirchturm**	*the church spire*
das	**Kirschwasser**	*the cherry schnapps*
	kitschig	*kitchy, tacky, corny*
der	**Kleingarten**	*the allotment garden, garden plot*
	klettern	*to climb*
	klingen	*to sound*
das	**Kloster**	*the monastery*
die	**Kneipe**	*the pub*
der	**Knödel**	*the dumpling*
das	**Know-How**	*the know-how*
	knusprig	*crispy*
der	**Kobold**	*the goblin, imp*
die	**Kohle**	*the coal*
der	**Komiker**	*the comedian*

kompliziert	*complicated*
der **König**	*the king*
die **Konservendose**	*the tin, can*
kontrollieren	*to control*
der **Konzern**	*the corporation, business group*
kostenlos	*free*
köstlich	*delicious*
die **Krabbe**	*the crab*
der **Kranz**	*the wreath*
die **Kräuterbutter**	*the herb butter*
der **Kreidefelsen**	*the chalk cliff*
der **Krieg**	*the war*
der **Krimi**	*the mystery novel, thriller*
krönen	*to crown*
die **Kuckucksuhr**	*the cuckoo clock*
die **Kuhglocke**	*the cow bell*
der **Kuhstall**	*the cowshed*
die **Kulisse**	*the scenery*
die **Kulturmetropole**	*the cultural capital*
der **Kumpel**	*the pal, buddy / miner*
künstlich	*artificial*
kunstvoll	*artful*
die **Kuppel**	*the cupola*
das **Kuscheltier**	*the cuddly toy*
der **Kuss**	*the kiss*
die **Küste**	*the coast*
die **Kutsche**	*the coach*

L

die **Landessprache**	*the national language*
die **Landschaft**	*the landscape*
die **Landung**	*the landing*
der **Lausebengel**	*the rascal*
laut	*loud*
das **Lebensmittel**	*the food*
der **Lebkuchen**	*the gingerbread*
lecker	*yummy*
legendär	*legendary*
die **Leiche**	*the corpse*
leichtgläubig	*gullible*
die **Leine**	*the leash*
das **Lenkrad**	*the steering wheel*
der **Leser**	*the reader*
der **Leuchtturm**	*the lighthouse*
der **Liebhaber**	*the lover, amateur*
das **Lieblingsgetränk**	*the favourite drink*
der **Liegestuhl**	*the beach chair*
die **Limonade**	*the lemonade*
der **Lippenstift**	*the lipstick*
locken	*to lure*
sich **lohnen**	*to be worthwhile*
das **Los**	*the lot, raffle ticket*
die **Losbude**	*the try-your-luck stall*
die **Luftbrücke**	*the Berlin airlift*
das **Luftschiff**	*the airship*

M

die **Macht**	*the power, might*
das **Mahnmal**	*the memorial*
das **Maiglöckchen**	*the lily of the valley*
malerisch	*picturesque*
das **Malz**	*the malt*
die **Mannschaft**	*the team*
das **Märchen**	*the fairy tale*
die **Marine**	*the Navy*
markant	*striking, prominent*
die **Marke**	*the brand*
die **Markierung**	*the marking*
das **Marktrecht**	*the right to have market days*
das **Matratzenlager**	*the common dormitory with mattresses on the floor*
der **Maurer**	*the bricklayer*
die **Maut**	*the toll*
das **Medikament**	*the medicine*
mediterran	*Mediterranean*
das **Meer**	*the sea, ocean*
der **Meeresgrund**	*the bottom of the sea*
das **Meerestier**	*the sea animal*
das **Meerwasser**	*the sea water*
der **Meister**	*the master, master craftsman*
die **Melodie**	*the melody*
die **Messe**	*the trade fair*
das **Minenfeld**	*the mine field*
der **Minnesänger**	*the minstrel*
mischen	*to mix*
die **Mischung**	*the mix*
mithilfe	*by, with the help of*
mitmachen	*to join in*
die **Mitte**	*the middle*
das **Mittelalter**	*the Middle Ages*
das **Mittelgebirge**	*the low mountain range*
mitzählen	*to count in*
der **Modeschöpfer**	*the fashion designer*
der **Mondschein**	*the moonlight*
die **Montagsdemonstrationen**	*political demonstrations on Mondays*
monumental	*monumental*
die **Morchel**	*morel*
das **Mordopfer**	*the murder victim*
das **Motorboot**	*the motor boat*
der **Müll**	*the rubbish, waste, trash*
die **Müllabfuhr**	*the refuse collection*
der **Müllbehälter**	*the waste bin*
die **Mülltrennung**	*the waste separation*
die **Mumie**	*the mummy*
die **Musikkapelle**	*the band*
der **Muskat**	*the nutmeg*
das **Muster**	*the pattern*

Wortverzeichnis

N

das	**Nachbarland**	*the neighbouring country*
der	**Nachbarort**	*the neighbouring village/ town*
	nachschenken	*to pour more*
das	**Nachtleben**	*the night life*
	nageln	*to nail*
der	**Naturschutz**	*the environmental protection*
das	**Navigationsgerät**	*the navigation device*
	nebeneinander	*side by side*
	Nelken	*the cloves*
	nennen	*to call*
die	**Neuheit**	*the novelty*
der	**Nikolaustag**	*Saint Nicholas' day*
	nominieren	*to nominate*
die	**Nordsee**	*the North Sea*
	normalerweise	*normally, usually*
der	**Nudelteig**	*the pasta dough*
die	**Nuss**	*the nut*
der	**Nussknacker**	*the nut cracker*

O

	oberhalb	*above*
	öffentlich	*public*
	offiziell	*official*
	ökologisch	*ecological*
das	**Öl**	*the oil*
die	**Oper**	*the opera*
die	**Operette**	*the operetta, light opera*
der	**Opernball**	*the Vienna Opera Ball*
die	**Orangerie**	*the orangery*
	örtlich	*local*
das	**Ortsschild**	*the place-name sign*
	Ostern	*Easter*
die	**Ostsee**	*the Baltic Sea*
der	**Ostteil**	*the East part*

P

das	**Päckchen**	*the parcel*
	panieren	*to bread*
die	**Papiertonne**	*the paper bin*
die	**Papiertüte**	*the paper bag*
der	**Papst**	*the pope*
die	**Partei**	*the party (political party)*
	passen	*to fit*
	passieren	*to happen*
der	**Pastor**	*the parson, reverend*
das	**Patentamt**	*the patent office*
der	**Paukenschlag**	*the beat of the kettle drum*
die	**Pension**	*Bed and Breakfast-type of accommodation*
der	**Pfadfinder**	*the (boy- or girl-)scout*
die	**Pfalz**	*Palatinate*
das	**Pfand**	*the deposit*
der	**Pfarrer**	*the parish priest, minister*
	pflegen	*to cultivate*
die	**Pflicht**	*the duty*
	pflücken	*to pick*
das	**Phänomen**	*the phenomenon*
der	**Pionier**	*the pioneer*
die	**Plakette**	*the plaque*
der	**Plenarsaal**	*the plenary assembly hall*
	politisch	*political*
der	**Polizeiwagen**	*the police car*
die	**Posaune**	*the trombone*
der	**Postbote**	*the postman*
	prächtig	*grand*
	prägen	*to coin*
die	**Premiere**	*the opening night*
	preußisch	*Prussian*
	probieren	*to try*
	produzieren	*to produce*
	prominent	*prominent, famous*
die	**Prozession**	*the procession*
die	**Puderdose**	*the powder compact*
der	**Punsch**	*the punch*
die	**Pute**	*the turkey*
	putzen	*to clean*

Q

der	**Quadratkilometer**	*the square kilometre*
der	**Quark**	*the cottage cheese*
	quer	*across*
die	**Querflöte**	*the flute*

R

	rasant	*rapid*
die	**Raststätte**	*the service area, rest stop*
das	**Rathaus**	*the town hall*
das	**Rätsel**	*the riddle, puzzle, mystery*
der	**Rattenfänger**	*the rat catcher*
	rau	*rough*
der	**Räuber**	*the robber*
das	**Räuchermännchen**	*the incense smoker*
der	**Raum**	*the room, space*
	reagieren	*to react*
das	**Recht**	*the right*
die	**Redewendung**	*the idiom*
die	**Regel**	*the rule*
	regieren	*to govern*
der	**Regierende Bürgermeister**	*title of the Mayor of Hamburg and Berlin*
die	**Regierung**	*the government*
	regional	*regional, local*
der	**Regisseur**	*the director*
	regnen	*to rain*
der	**Reifen**	*the tyre*
die	**Reihenfolge**	*the order*

die	**Reiseleiterin**	*the guide*
	reisen	*to travel*
der	**Reitsport**	*the riding*
das	**Reitturnier**	*the riding event*
die	**Religionsfreiheit**	*the freedom of religion*
der	**Rennfahrer**	*the racing driver*
das	**Rezept**	*the recipe*
	riechen	*to smell*
das	**Riesenrad**	*the ferris wheel*
	riesig	*huge*
das	**Rind**	*the cattle*
das	**Rindfleisch**	*the beef*
die	**Robbe**	*the seal*
eine	**Rolle spielen**	*to play a role*
die	**Röntgenstrahlung**	*the X-rays*
die	**Rosine**	*the raisin*
die	**rote Beete**	*the beetroot*
das	**Rote Kreuz**	*the Red Cross*
die	**Ruine**	*the ruins*

S

die	**Sahne**	*the cream, whipped cream*
die	**Saite**	*the string (on an instrument)*
die	**Sammlung**	*the collection*
das	**Sanatorium**	*the sanatorium*
das	**Sandmännchen**	*the sandman*
der	**Sängerkrieg**	*the battle of the bards*
	sanieren	*to redevelop*
der	**Satiriker**	*the satirist*
	saugen	*to suck*
	schade	*a pity*
das	**Schaf**	*the sheep*
	schälen	*to peel*
der	**Schauspieler**	*the actor*
	scheu	*shy*
	schießen	*to shoot*
der	**Schießstand**	*the shooting range*
der	**Schimmelkäse**	*a Camembert-type cheese or blue cheese*
der	**Schinken**	*the ham*
der	**Schlafplatz**	*the place to sleep*
die	**Schlagzeile**	*the headline*
	schließlich	*finally*
die	**Schließung**	*the closing*
der	**Schlittschuh**	*the skate*
der	**Schluck**	*the swallow, drink*
die	**Schlussfolgerung**	*the conclusion*
	schmelzen	*to melt*
der	**Schmuck**	*the jewellery*
	schmucklos	*plain, without decorations*
das	**Schnapsglas**	*the shot glass*
	schneiden	*to cut*
die	**Schnelligkeit**	*the speed, velocity*
	schnitzen	*to carve*
der	**Schoppen**	*a quarter-litre (of wine)*
die	**Schranke**	*the gate, barrier*
der	**Schrebergarten**	*the allotment garden*
der	**Schuhplattler**	*a Bavarian dance for men*
die	**Schüssel**	*the bowl*
der	**Schutz**	*the protection*
sich	**schützen**	*to protect oneself*
der	**Schützenverein**	*the rifle and gun club*
die	**Schutzpatronin**	*the patron saint*
	schwäbisch	*Swabian*
der	**Schwarm (Teenie-Schwarm)**	*the heartthrob*
das	**Schwein**	*the pig*
das	**Schweinefleisch**	*the pork*
der	**Schwibbogen**	*the Christmas decoration*
	schwul	*gay, homosexual*
der	**See**	*the lake*
der	**Seemann**	*the sailor*
das	**Seemannslied**	*the shanty*
die	**Seereise**	*the voyage*
	segeln	*to sail*
das	**Segelschiff**	*the sailing ship*
der	**Segen**	*the blessing*
	sehenswert	*worth seeing*
die	**Sehenswürdigkeit**	*the sight, attraction*
der	**Sekt**	*the sparkling wine*
der	**Selbstmord**	*the suicide*
die	**Selbstschussanlage**	*the spring-gun*
	selten	*rare, rarely*
	senden	*to send*
die	**Sendung**	*the TV programme*
der	**Senf**	*the mustard*
die	**Serviette**	*the table napkin*
die	**Seuche**	*the plague*
	sich zurecht finden	*to find one's way*
	siegen über	*to win over*
die	**Silbe**	*the syllable*
	Silvester	*New Year's Eve*
	sinken	*to sink*
der	**Skispringer**	*the ski jumper*
der	**Skiurlaub**	*the skiing holiday*
	solange	*as long as*
der	**Sonderzug**	*the special train*
die	**Sorge**	*the worry*
	sortieren	*to sort (out)*
	sowieso	*anyway*
der	**Spargel**	*the asparagus*
die	**Spätlese**	*the late vintage wine*
der	**Speck**	*the bacon*
die	**Speise**	*the dish, food*
der	**Spiegel**	*the mirror*
das	**Spiegelei**	*the fried egg, eggs sunny side up*
die	**Spielbank**	*the casino*
das	**Spielfeld**	*the playing field*
die	**Spielshow**	*the game show*
der	**Spinat**	*the spinach*
	spiralförmig	*shaped like a spiral*

Wortverzeichnis

	spitz	*pointed*
	spöttisch	*mocking, taunting*
der	**Sprengstoff**	*the explosives*
die	**Spur**	*the trace, track*
der	**Staat**	*the state*
die	**Staatspolitik**	*the state politics*
der	**Staatsrat**	*the state council, privy council*
das	**Stadion**	*the stadium*
die	**Stadtmauer**	*the city walls*
das	**Stadtwappen**	*the city arms*
die	**Stahlindustrie**	*the steel industry*
der	**Stamm**	*the tree trunk, stock*
das	**Standbild**	*the statue*
	stattdessen	*instead*
	stattfinden	*to take place*
die	**Statue**	*the statue*
der	**Stau**	*the traffic jam*
	staunen	*to wonder, admire*
	stehenbleiben	*to stop (walking)*
	stehlen	*to steal*
die	**Steinzeit**	*the stone age*
die	**Stelle**	*the position*
der	**Stift**	*the pen*
die	**Stiftskirche**	*the collegiate church*
	stilbildend	*defining a style*
die	**Stilrichtung**	*the style*
die	**Stimme**	*the voice*
	stimmen	*to be correct*
	stolz	*proud*
die	**Stoßstange**	*the bumper*
das	**Strandgut**	*the flotsam, stranded goods*
der	**Strandkorb**	*roofed wicker beach chair*
die	**Strecke**	*the distance*
der	**Streich**	*the prank*
der	**Streifenwagen**	*the police beat car*
der	**Streit**	*the argument, quarrel*
der	**Strick**	*the rope*
das	**Stück**	*the piece*
die	**Süßigkeit**	*the sweet*
die	**Süßspeise**	*the sweet dish*
der	**Süßwassersee**	*the sweet water lake*

T

	tagen	*to hold a meeting*
	täglich	*every day*
der	**Takt**	*the beat*
der	**Tatort**	*the crime scene*
	tatsächlich	*actually*
der	**Teig**	*the dough, pastry*
	teilen	*to share, divide*
der	**Tennisschläger**	*the tennis racket*
das	**Theaterstück**	*the theatre play, drama*
die	**Theke**	*the bar*
das	**Thema**	*the topic*
die	**These**	*the thesis*
das	**Ticket**	*the ticket*
	tiefsinnig	*profound*
der	**Todesstreifen**	*the death pass*
die	**Tombola**	*the raffle*
die	**Torte**	*the creamy / fancy cake*
die	**Tracht**	*the traditional (national) costume*
	traumhaft	*wonderful*
	traurig	*sad*
	trennen	*to divide, separate*
	trotzdem	*in spite of*
	tunken	*to dip in(to)*
das	**Turngerät**	*the gym apparatus*
	typisch	*typical*

U

das	**U-Boot**	*the submarine*
	überall	*anywhere*
das	**Überqueren**	*the crossing*
der	**Überseehafen**	*the intercontinental port*
	übertreiben	*to exaggerate*
	üblich	*usual, common*
das	**Ufer**	*the bank, coast*
	umbauen	*to convert*
	umbenennen	*to rename*
die	**Umfrage**	*the survey*
	umrühren	*to stir*
der	**Umweg**	*the detour*
der	**Umzug**	*the procession, pageant*
	unabhängig	*independent*
	unbedingt	*unconditional*
	unbeliebt	*unpopular*
	unlängst	*recently*
	unmoralisch	*immoral(ly)*
	unsterblich	*immortal*
	unter anderem	*amongst others*
der	**Untergang**	*the downfall*
	unterhaltsam	*entertaining*
die	**Unterkunft**	*the accommodation*
	unterschiedlich	*different*
	untersuchen	*to explore, inspect, investigate*
	unterwegs	*on the way, out and about*
	unverwechselbar	*unmistakable*
	unwahrscheinlich	*improbable, unlikely*
	unzählige	*innumerable*

V

	verabschieden	*to say good-bye*
	verändern	*to change, alter, modify*
die	**Veranstaltungshalle**	*the venue*
die	**Verbesserung**	*the improvement*
	verbinden	*to connect*
	verboten	*forbidden, prohibited*
die	**Verbreitung**	*the distributor*
	verbrennen	*to burn*

der	**Verein**	*the club, association*
die	**Vereinigung**	*the union, association*
die	**Verfassung**	*the constitution*
	verfeinern	*to refine, polish*
	verfolgen	*to pursue*
	vergessen	*to forget*
der	**Vergnügungspark**	*the fairground*
der	**Verkehr**	*the traffic*
	verlassen	*to leave*
	veröffentlichen	*to publish*
	verpassen	*to miss*
	verraten	*to betray*
	verrühren	*to stir*
sich	**versammeln**	*to congregate*
die	**Versammlung**	*the meeting, assembly, congregation*
	verschieden	*different*
	versprechen	*to promise*
	verstecken	*to hide*
der	**Versuch**	*the attempt*
	versuchen	*to try*
	verteilen	*to distribute*
der	**Vertrag**	*the treaty*
	verträumt	*dreamy*
	vertreiben	*to drive away, cast out*
	verwandt	*related*
die	**Verwarnung**	*the warning, admonishment*
	verwenden	*to use*
	verwinkelt	*contorted*
	verwurzelt	*rooted, entrenched*
	vielerorts	*in a lot of places*
die	**Vielzahl**	*the great number*
das	**Vogelfutter**	*the bird seeds*
das	**Vogelhäuschen**	*the bird feeder*
das	**Volk**	*the population, nation*
das	**Volksfest**	*the funfair*
die	**Volksmusik**	*the traditional music*
die	**Volksvertretung**	*the national assembly*
	voneinander	*from each other*
der	**Vorgänger**	*the predecessor*
die	**Vorstellung**	*the presentation, introduction*

W

	wachsen	*to grow*
der	**Wachturm**	*the watchtower*
die	**Waffe**	*the weapon*
	wählen	*to elect*
	wahrscheinlich	*probable*
die	**Wahrscheinlichkeitsrechnung**	*the probability calculus*
das	**Wahrzeichen**	*the landmark*
die	**Wallfahrt**	*the pilgrimage*
die	**Walz**	*to go waltzing Mathilda*
der	**Walzer**	*the waltz*
die	**Wanderschaft**	*the wanderings*
das	**Wappentier**	*the heraldic animal*
das	**Wasserkraftwerk**	*the hydroelectric power plant*
die	**Wasserleitung**	*the water conduit*
die	**Wasserratte**	*the keen swimmer*
die	**Wasserstraße**	*the waterway*
das	**Watt**	*the watt*
das	**Wattenmeer**	*the mudflats, tidal flats*
	wechseln	*to change*
	wegziehen	*to move away*
die	**Weide**	*the pasture*
der	**Weihnachtsmarkt**	*the Christmas market*
die	**Weihnachtszeit**	*the Christmas time*
der	**Weinberg**	*the vineyard*
die	**Weinprobe**	*the wine tasting*
der	**Weltmeister**	*the world champion*
	weltweit	*worldwide*
	werben	*to advertise*
das	**Werk**	*the opus*
die	**Werkstatt**	*the workshop*
das	**Werkzeug**	*the tools*
	wert	*worth*
das	**Wesen**	*the creature*
	wesentlich	*essential*
das	**Wettrüsten**	*the armament race*
die	**Wiedervereinigung**	*the reunification*
das	**Wiegenlied**	*the lullaby*
der	**Winzer**	*the vine farmer*
der	**Witz**	*the joke*
	wöchentlich	*every week*
die	**Wochenzeitung**	*the weekly paper*
sich	**wohl fühlen**	*feel fine*
der	**Wohlstand**	*the prosperity*
das	**Wölkchen**	*the small cloud*
der	**Wolkenkratzer**	*the skyscraper*
	worauf	*upon which, after which*

Z

	zart	*tender*
	zeitgenössisch	*contemporary*
	zerbrochen	*broken*
	zerschlagen	*shattered*
	ziehen	*to pull*
das	**Ziel**	*the target, goal*
	ziemlich	*rather*
der	**Zimt**	*the cinnamon*
das	**Zubehör**	*the accessories*
	züchten	*to grow*
der	**Zuckerhut**	*the sugar loaf*
	zuordnen	*to associate something with something*
	zupfen	*to pluck, pick; music: to strum*
	zusammenpassen	*to match*
sich	**zusammenschließen**	*to join, merge*
	zweisprachig	*bilingual*
der	**Zwerg**	*the dwarf*

Bildnachweis

Seite 2: © Visions-AD - Fotolia.com ▪ **Seite 4/5:** © Mapics - Fotolia.com, shutterstock/ lucarista, shutterstock/ Vaclav Volrab, © davis - Fotolia.com, shutterstock/ HLPhoto, shutterstock/ hecke61 ▪ **Seite 6/7:** © powell83 - Fotolia.com ▪ **Seite 8:** © bilderzwerg - Fotolia.com, shutterstock/ Jiri Hera ▪ **Seite 9:** shutterstock/ Markus Gann ▪ **Seite 10**, 1: © davis - Fotolia.com, 2: shutterstock/ Alessandro Colle, 3: © DOC RABE Media - Fotolia.com, 4: shutterstock/ badahos, 5: © eyetronic - Fotolia.com ▪ **Seite 11**, 1: shutterstock/ Vit Kovalcik, 2: shutterstock/ Arun Roisri, 3: © oleandra - Fotolia.com, 4: shutterstock/ JoffreyM, 5: shutterstock/ Bplanet ▪ **Seite 12**, 1: thinkstock (mamadela), 2: © Fontanis - Fotolia.com, 3: shutterstock/ Troyker, 4: © PhotoSG - Fotolia.com, 5: © Ars Ulrikusch - Fotolia.com ▪ **Seite 13**, 1: shutterstock/ Patricia Hofmeester, 2: © davis - Fotolia.com, 3: istockphoto/ tobias machhaus, 4: © Taffi - Fotolia.com, 5: istock/ Jasmin Awad ▪ **Seite 14**, 1: shutterstock/ Radoslaw Maciejewski, 2: shutterstock/ Jorg Hackemann, 3. © sash_bln - Fotolia.com, 4. © Bea Busse - Fotolia.com, 5. shutterstock/ Patrick Poendl ▪ **Seite 15:** © Brent Hofacker - Fotolia.com ▪ **Seite 16:** shutterstock/ mkrberlin ▪ **Seite 17:** shutterstock/ fayska ▪ **Seite 19:** shutterstock/ Andrew Buckin ▪ **Seite 20**, 1: shutterstock/ jan kranendonk, 2: © berlin2020 - Fotolia.com, 3: shutterstock/ Tupungato, 4: shutterstock/ Eddy Galeotti, unten: shutterstock/ 360b ▪ **Seite 21:** Verlagsgruppe Oetinger ▪ **Seite 22:** © Benjamin Merbeth - Fotolia.com, © philipk76 - Fotolia.com ▪ **Seite 23:** © joachimplehn - Fotolia.com ▪ **Seite 24:** shutterstock/ Ppictures ▪ **Seite 25**, 1: shutterstock/ Michal Durinik, 2: shutterstock/ Bocman1973, 3: © Sascha F. - Fotolia.com, 4: shutterstock/ Claudio Divizia, 5: shutterstock/ Ralf Gosch, 6: shutterstock/ andersphoto ▪ **Seite 26/27:** © banepetkovic - Fotolia.com ▪ **Seite 28:** shutterstock/ Daniel Schweinert ▪ **Seite 29:** shutterstock/ amorfati.art ▪ Seite 30: © BeTa-Artworks - Fotolia.com, 1: © Grafvision - Fotolia.com, 2: © Ildi - Fotolia.com, 3: © Cornelia Kalkhoff - Fotolia.com, 4: © A_Lein - Fotolia.com ▪ **Seite 31**, 1: shutterstock/ Tyler Olson, 2: thinkstock (Mikhail Dudarev), 3: © Vasily Merkushev - Fotolia.com, 4: © Vit Kovalcik - Fotolia.com, 5: thinkstock (Jens Lange), 6: © pyty - Fotolia.com, 7: thinkstock (SerrNovik), 8: thinkstock (Jan Tyler), 9: thinkstock (Africanway), 10: thinkstock (trgowanlock) ▪ **Seite 32**, 1: shutterstock/ TTstudio, 2: © Increa - Fotolia.com, 3: shutterstock/ TTstudio, 4: shutterstock/ lucarista, 5: shutterstock/ Milosz_M ▪ **Seite 33:** © PhotoSG - Fotolia.com ▪ **Seite 34:** © rrrainbow - Fotolia.com ▪ **Seite 35, 1:** shutterstock/ pryzmat, 2: shutterstock/ WDG Photo, 3: shutterstock/ graphia, unten: istock/ Flavio Vallenari ▪ **Seite 36/37:** © sculpies - Fotolia.com ▪ **Seite 38:** © antbphotos - Fotolia.com ▪ **Seite 39**, 1: © sborisov - Fotolia.com, 2: © caco - Fotolia.com. 3: © Samuel Borges - Fotolia.com, 4: © djama - Fotolia.com ▪ **Seite 40:** shutterstock/ Bernd Juergens ▪ **Seite 42:** © flashpics - Fotolia.com ▪ **Seite 43, 1:** © paolofusacchia - Fotolia.com, 2: © by paul - Fotolia.com, 3: © hjschneider - Fotolia.com, 4: © by paul - Fotolia.com, 5: shutterstock/Bildagentur Zoonar GmbH, 6: © ChristArt - Fotolia.com ▪ **Seite 44:** © Foto Zihlmann - Fotolia.com ▪ **Seite 45:** © Frankix - Fotolia.com, © f9photos - Fotolia.com ▪ **Seite 46:** © sborisov - Fotolia.com ▪ **Seite 47:** © fotogestoeber - Fotolia.com ▪ **Seite 48**, 1: © mojolo - Fotolia.com, 2: © petrle - Fotolia.com, 3: © Firma V - Fotolia.com,4: © Wolfgang Cibura - Fotolia.com ▪ **Seite 49:** © Kzenon - Fotolia.com, © Bergfee - Fotolia.com ▪ **Seite 50:** PantherMEdia/ waupee ▪ **Seite 51:** thinkstock (Jon Gorr) ▪ **Seite 52, 1:** © sborisov - Fotolia.com, 2: © foto50 - Fotolia.com, 3: © lunfengzhe - Fotolia.com, 4: © pp77 - Fotolia.com ▪ **Seite 53**, 1: © reinhard sester - Fotolia.com, 2: © spql - Fotolia.com, 3: © Kathrin39 - Fotolia.com, 4: © Igor Link - Fotolia.com, 5: © kostrez - Fotolia.com, unten: © stockpix4u - Fotolia.com ▪ **Seite 54:** shutterstock/ Nick Biemans ▪ **Seite 55**, 1: shutterstock/ Troyker, 2: © kab-vision - Fotolia.com, 3: © msl33 - Fotolia.com, 4: shutterstock/ CGissemann ▪ **Seite 56:** © Patrik Dietrich - Fotolia.com ▪ **Seite 57:** © SeanPavonePhoto - Fotolia.com, unten: © Jörg Hackemann - Fotolia.com ▪ **Seite 58**, 1: © Jörg Hackemann - Fotolia.com, 2: © Tatjana Balzer - Fotolia.com, 3: istock/ instamatics, 4: © citylights - Fotolia.com ▪ **Seite 59,** 1: © stockphoto-graf - Fotolia.com, 2: © Zerbor - Fotolia.com, 3: © eliasbilly - Fotolia.com, 4© dkimages - Fotolia.com ▪ **Seite 60,** oben: shutterstock/ vvoe ▪ **Seite 61:** © namosh - Fotolia.com ▪ **Seite 62**, 1: shutterstock/ Wolfgang Zwanzger, 2: shutterstock/ FooTToo, 3: © Printemps - Fotolia.com, 4: © DoraZett - Fotolia.com, 5: shutterstock/ bikeriderlondon ▪ **Seite 63**: shutterstock/ Laura Stone ▪ **Seite 64**, 1: © Fiedels - Fotolia.com, 2: © Fiedels - Fotolia.com, 3: © Fiedels - Fotolia.com, 4: © Erica Guilane-Nachez - Fotolia.com, 5: © Fiedels - Fotolia.com, 6: © Fiedels - Fotolia.com ▪ **Seite 65**: shutterstock/ clearlens ▪ **Seite 66**: © Stephan Sühling - Fotolia.com ▪ **Seite 67**: shutterstock/ Takashi Images ▪ **Seite 68**, 1: shutterstock/ Sergey Dzyuba, 2: © Pictorius - Fotolia.com, 3: shutterstock/ jorisvo, 4: © davis - Fotolia.com , 5: shutterstokc/ r.classen ▪ **Seite 69**: shutterstock/ Mikhail Markovskiy ▪ **Seite 70:** © Nils Bergmann - Fotolia.com ▪ **Seite 71**: © Smileus - Fotolia.com ▪ **Seite 72:** shutterstock/Thorsten Schier ▪ **Seite 73**, 1: shutterstock/ hxdbzxy, 2: shutterstock/ Pushish Donhongsa, 3: © tournee - Fotolia.com, 4: shutterstock/ HTeam ▪ **Seite 74**, 1: © Martina Berg - Fotolia.com, 2: © Digiproof - Fotolia.com, 3: © Martina Berg - Fotolia.com ▪ **Seite 75**, 1: shutterstock/ Menno Schaefer, 2: shutterstock/ Richard Jary, 3: shutterstock/ Seriousjoy, 4: shutterstock/ jopelka, 5: shutterstock/ Gayvoronskaya_Yana ▪ **Seite 76**: © Marco2811 - Fotolia.com ▪ **Seite 77**: © kameraauge - Fotolia.com ▪ **Seite 78**, 1: shutterstock/ Nuttapong, 2: © Dionisvera - Fotolia.com, 3: shutterstock/ Jiri Hera, 4: © margo555 - Fotolia.com ▪ **Seite 79**, 1: © askaja - Fotolia.com, 2: © rudi1976 - Fotolia.com, 3: shutterstock/ Scirocco340, 4: © Chupa - Fotolia.com, 5: © thorabeti - Fotolia.com ▪ **Seite 80**, oben: shutterstock/ catolla ▪ **Seite 81**, 1: © multimartinator - Fotolia.com, 2: shutterstock/ Burlingham, 3: shutterstock/ Joe Belanger, 4: shutterstock/ VanderWolf Images, 5: shutterstock/ Hanka Steidle ▪ **Seite 82**, oben: © schachspieler - Fotolia.com ▪ **Seite 83**, oben: © laguna35 - Fotolia.com, unten: © PhotoSG - Fotolia.com ▪ **Seite 84**, links: shutterstock/ TheWorst, rechts: shutterstock/ Mopic ▪ **Seite 85**: © Butch - Fotolia.com ▪ **Seite 86**: © Rico K. - Fotolia.com ▪ **Seite 87**: © ArTo - Fotolia.com ▪ **Seite 88**, 1: © doris oberfrank-list - Fotolia.com, 2: © Angelika Bentin - Fotolia.com, 3: shutterstock/ Sean Pavone, 4: © babelsberger - Fotolia.com ▪ **Seite 89**: shutterstock/ Noppasin ▪ **Seite 90:** © UweR - Fotolia.com ▪ **Seite 92**: shutterstock/ bluecrayola, 1: © Juergen - Fotolia.com, 2: © Martina Berg - Fotolia.com, 3: © Henry Czauderna - Fotolia.com, 4: © twoandonebuilding - Fotolia.com ▪ **Seite 93**: shutterstock/ robert paul van beets ▪ **Seite 94**: © Henry Czauderna - Fotolia.com ▪ **Seite 95**, 1: shutterstock/ Brooke Becker, 2: shutterstock/ Andrey Eremin, 3: shutterstock/ Aksenova Natalya, 4: shutterstock/gwycech, 5: © Africa Studio - Fotolia.com, 6: © stockone - Fotolia.com ▪ **Seite 96**: shutterstock/ Andre Nantel ▪ **Seite 97**: shutterstock/ Bildagentur Zoonar GmbH ▪ **Seite 98**, 1: © Karina Baumgart - Fotolia.com, 2: © cyberkort - Fotolia.com, 3: © Mapics - Fotolia.com, 4: © Leslie-Fotografics - Fotolia.com ▪ **Seite 99**, 1: shutterstock/ anyaivanova, 2: shutterstock/ Jorg Hackemann ▪ **Seite 100**: © ferkelraggae - Fotolia.com ▪ **Seite 101**, 1: shutterstock/ Teri Virbickis, 2: © Firma V - Fotolia.com, 3: © K.-U. Häßler - Fotolia.com, 4: © Edith60 - Fotolia.com ▪ **Seite 102**: flickr/ Bart Treuren, unten: © johnbraid - Fotolia.com ▪ **Seite 103**, 1: shutterstock/ LianeM, 2: istock/ Kerstin Waurick, 3: shutterstock/ Olgysha, 4: shutterstock/ Telegin Sergey ▪ **Seite 104**: shutterstock/ Chubykin Arkady ▪ **Seite 105:** © Kitty - Fotolia.com